JN441167

사회복지 프로그램 개발과 평가

김 한 욱 지음

에듀컨텐츠·휴피아
ECH Educontents·Huepia

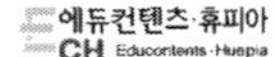
에듀컨텐츠·휴피아
ECH Educontents·Huepia

머 리 말

시회복지 실천 현장은 끊임없이 변화하고 있으며, 그 변화의 중심에는 '프로그램'이 있다. 사회복지 프로그램은 단순한 서비스의 집합이 아니라, 사회문제에 대한 전문적 이해와 가치 판단, 그리고 체계적인 개입 전략이 결합된 실천의 결과물이다. 따라서 사회복지사가 효과적인 개입을 수행하기 위해서는 프로그램을 기획하고, 실행하며, 그 성과를 평가하는 전 과정을 이해하고 다룰 수 있는 역량이 필수적으로 요구된다.

『사회복지프로그램개발과 평가』는 이러한 문제의식에서 출발한 교재이다. 이 교재는 사회복지 프로그램을 하나의 행정적 절차로 접근하기보다, 사회문제에 대한 분석에서 시작하여 합리적인 기획, 실행 과정의 관리, 그리고 성과와 영향을 검토하는 평가까지 이어지는 '논리적 과정'으로 이해하도록 돕는 데 목적이 있다. 특히 프로그램 개발과 평가가 분리된 단계가 아니라, 상호 연계된 하나의 순환적 과정임을 강조한다.

사회복지 현장에서 프로그램 기획은 종종 공모사업 작성이나 행정적 요구로 인식되기 쉽다. 그러나 진정한 프로그램 기획은 지역사회와 대상자의 욕구를 정확히 이해하고, 제한된 자원 속에서 가장 효과적인 개입 방안을 선택하는 전문적 의사결정의 과정이다. 또한 프로그램 평가는 단순한 성과 보고를 넘어, 개입의 효과성을 검토하고 향후 실천을 개선하기 위한 학습의 도구이다. 이 교재는 이러한 관점에서 프로그램 개발과 평가를 '실천을 위한 사고 체계'로 제시하고자 한다.

본 교재는 사회복지학 전공 학생들이 프로그램 개발과 평가를 처음 접할 때 느끼는 어려움을 고려하여, 개념 설명과 실제 적용을 균형 있게 구성하였다. 이론적 배경과 핵심 개념을 충실히 다루되, 가능한 한 현장 사례와 실무 맥락을 반영하여 이해를 돕고자 하였다. 특히 문제분석, 목표 설정, 논리모델 구성, 성과지표 설정, 평가 방법 선택 등 프로그램 기획과 평가의 핵심 요소를 단계별로 설명함으로써 학습자가 전체 흐름을 체계적으로 파악할 수 있도록 구성하였다.

이 책은 크게 세 부분으로 구성되어 있다.

제1부 '사회복지 프로그램 개발의 이해'에서는 프로그램 개발과 평가가 왜 중요한지, 사회복지 전문성과 어떻게 연결되는지를 다룬다. 책무성과 효과성, 근거기반실천에 대한 요구가 증가하는 현실 속에서 프로그램 개발과 평가 역량이 사회복지사의 핵심 전문성으로 자리매김하고 있음을 분명히 한다. 또한 프로그램의 개념과 구성요건, 유형을 체계적으로 정리하여 학습의 기초를 다질 것이다.

제2부 '사회복지 프로그램 기획과 실행과정 이해하기'에서는 프로그램 기획의 본질과 과정을 다룬다. 기획과 계획의 차이를 명확히 하고, 프로그램 기획 과정에서 요구되는 의사결정의 성격을 이해하며, 창의적인 프로그램 아이디어를 창출하는 방법까지 실천적으로 접근한다. 이를 통해 학습자들이 프로그램 기획을 단순한 서류 작성이 아닌 전문적 사고의 과정으로 인식할 수 있도록 도울 것이다.

제3부 '사회복지 프로그램 개발 과정(기획에서 평가까지)'은 이 교재의 핵심이다. 사회문제와 욕구 파악부터 참여자 선정, 목적과 목표 설정, 프로그램 설계, 자원 계획, 실행과 관리, 마케팅과 서비스 질 관리, 그리고 평가에 이르기까지 프로그램 개발의 전 과정을 단계별로 다룬다. 특히 논리모델을 활용한 프로그램 설계, 과정평가와 성과평가의 연계, 양적·질적 평가 방법의 적용, 비용 분석 등 실제 현장에서 직면하게 될 핵심 과제들을 구체적으로 제시하고자 한다.

무엇보다 이 교재는 사회복지 프로그램이 궁극적으로는 사람의 삶과 연결되어 있다는 점을 잊지 않으려 한다. 숫자와 지표, 계획서와 보고서 이면에는 항상 변화가 필요한 개인과 가족, 그리고 공동체가 존재한다. 프로그램 개발과 평가는 이러한 변화를 보다 책임감 있고 효과적으로 만들어 가기 위한 수단이다. 이 교재가 사회복지학을 공부하는 학생들에게 프로그램을 '작성해야 할 과제'가 아니라, '변화를 만들어 가는 도구'로 이해하는 데 작은 길잡이가 되기를 바란다.

이 책을 통해 예비 사회복지사들이 사회문제를 구조적으로 바라보고, 근거에 기반한 프로그램을 설계하며, 성찰적 평가를 통해 더 나은 실천으로 나아가는 전문성을 키워나가기를 기대한다. 사회복지 프로그램 개발과 평가는 사회복지 실천의 책무성을 높이고, 클라이언트의 삶에 실질적인 변화를 만들어 가는 핵심 역량이다. 이 교재가 그 여정의 든든한 동반자가 되는 시간이 되길 바란다.

2025년 12월
김 한 욱

목 차

제3부. 사회복지 프로그램 개발 과정(기획에서 평가까지)

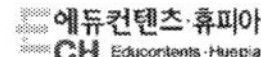
에듀컨텐츠·휴피아
ECH Educontents·Huepia

사회복지 프로그램 개발과 평가

에듀컨텐츠·휴피아
ECH Educontents·Huepia

에듀컨텐츠·휴피아
ECH Educontents · Huepia

제1부.

사회복지 프로그램 개발의 이해

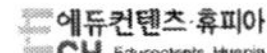
에듀컨텐츠·휴피아
ECH Educontents·Huepia

제1장. 사회복지 프로그램의 출발을 위한 이해

1. 사회복지 프로그램 개발과 평가 및 사회복지 전공과목과의 학습 연계

사회복지 프로그램 개발과 평가 과목을 효과적으로 학습하기 위해서는, 이 과목이 다른 사회복지 전공과목들과 어떻게 연계되어 있는지를 먼저 이해할 필요가 있다. 이는 우수한 사회복지 프로그램이 단일 과목의 지식만으로 만들어지는 것이 아니라, 사회복지 전공 전반에서 습득한 다양한 이론과 실천기술이 종합적으로 활용될 때 가능하기 때문이다. 이러한 점에서 사회복지 프로그램 개발과 평가는 예능계열이나 타 전공에서 졸업 작품전을 준비하는 것과 유사하게, 사회복지학과에서 배운 모든 학습 성과를 집약적으로 보여주는 '졸업 작품'과 같은 성격을 지닌 과목이라고 설명할 수 있다.

전공과목 간 연계의 구체적인 이유를 살펴보면 다음과 같다. 첫째, 사회복지 실천의 출발점은 인간이다. 이에 따라 학생들은 인간행동과 사회환경 과목을 통해 인간을 이해하고, 사회복지실천론과 사회복지실천기술론을 통해 개인, 가족, 집단, 지역사회 수준에서 개입할 수 있는 다양한 실천 방법을 학습하게 된다. 둘째, 사회복지 프로그램은 사회문제와 같은 사회적 이슈가 존재할 때 필요성이 제기된다. 이러한 맥락에서 사회문제론을 통해 사회문제의 유형과 특성을 이해하고, 사회복지조사론을 통해 사회문제를 분석하고 그 원인을 과학적으로 규명하는 방법을 배우게 된다. 셋째, 클라이언트의 문제해결과 변화는 개인 차원에만 머무르지 않고 반드시 지역사회라는 체계 속에서 이루어진다. 따라서 지역사회복지론을 통해 지역사회 수준의 개입과 협력 방식을 학습한다. 넷째, 사회복지 프로그램은 제도적·법적·행정적 기반 위에서 운영되기 때문에 사회복지행정론, 사회복지정책론, 사회복지법제론에 대한 이해가 필수적이다. 특히 사회복지행정론에서 다루는 사회복지기관 운영, 프로그램 기획·개발·평가에 대한 내용은 사회복지 프로그램 개발과 평가 과목을 이해하는 데 있어 매우 중요한 선행 학습 요소가 된다. 다섯째, 사회복지의 대상은 전 생애 주기를 포괄하며, 각 생애 단계별로 나타나는 다양한 사회문제 해결을 목표로 한다. 이에 따라 아동복지, 장애인복지, 노인복지, 청소년복지, 가족복지, 학교사회복지, 정신보건사회복지 등의 영역별 전공과목을 학습하게 된다.

이와 같이 사회복지 전공교과목 간의 유기적인 연계를 통해, 사회복지학과

학생들은 사회복지 프로그램 개발과 평가 과목을 통해 그동안 습득한 지식과 기술을 통합적으로 적용해 보는 경험을 하게 되며, 종합적인 실천 역량을 갖춘 사회복지사로 성장하기 위한 기반을 마련하게 된다.

2. 사회복지사란? 사회복지사의 전문성의 요구 확대

사회복지사는 다양한 자원을 연계하여 사회복지 실천 현장에서 클라이언트를 지원하는 역할을 수행한다. 이 과정에서 사회복지사는 주로 '프로그램'이라는 매개를 통해 클라이언트와 소통하며, 이는 클라이언트의 삶의 체계에 직접적인 영향을 미친다. 다시 말해, 프로그램은 사회복지사가 전문직으로서 실천을 수행하기 위한 핵심적인 도구라고 이해할 수 있다.

'사회복지사'라는 직업 명칭은 1983년 사회복지사업법 개정을 통해 공식화되었으며, 이후 사회복지사는 사회복지의 사명을 실현하고 전문직으로서 부여된 사회적 역할을 수행하기 위해 지속적으로 노력해 왔다. 특히 1980년대부터 1990년대에 이르는 시기 동안 사회복지 영역은 급속도로 확대되었고, 이에 따라 사회복지서비스의 양적 성장뿐 아니라 사회복지사의 역량 강화와 전문성 향상에 대한 요구도 크게 증가하였다. 이러한 흐름 속에서 사회복지사의 업무를 보다 명확하고 체계적으로 정립하려는 시도가 이어지게 되었다.

사회복지사의 직무에 관한 선행연구에 따르면, 사회복지사의 직무는 크게 직접 서비스 영역과 간접 서비스 영역으로 구분된다. 직접 서비스 영역의 대표적인 직무로는 사례관리가 있으며, 이 외에도 상담, 프로그램 제공 등이 포함된다. 특히 사례관리는 사례 발굴과 사정, 자원 연계, 평가, 사후관리 등 매우 복합적이고 세분화된 하위 과업으로 구성된 핵심 직무이다. 반면 간접 서비스 영역은 다양한 직무를 포괄하고 있어 비교적 복잡하게 분류되며, 그 구체적인 범위와 내용에 대해서는 연구자 간에 차이가 존재한다. 일반적으로 간접 서비스 영역에는 지역사회 서비스, 자원개발 및 연계, 프로그램 개발과 평가, 행정 업무 등이 포함된다. 그러나 서비스 이용자와의 직접적인 대면을 제외한 모든 업무를 포괄적으로 '간접서비스'로 명명하는 경향이 있어, 간접 서비스 영역 내 직무의 특성과 목적을 명확히 개념화하는 데에는 여전히 한계가 있다.

최근 사회복지 현장에서는 책무성이 강조되면서 기획과 평가 업무의 중요성이 점차 확대되고 있다. 이러한 변화 속에서 간접 서비스 영역의 직무는 사회복지사에게 현실적으로 매우 중요한 업무로 인식되고 있다. 임정기(2019)는 서울시 사회복지사를 대상으로의 사회복지사의 역할과 의미에 대해 스스로 작성하게 한 연구 결과에서 가장 많이 사용된 표현은 '만능 엔터테이너, 멀티플레이어', '관계 형성, 연결, 고리', '변화'의 순으로 나타났다. 이러한 결과를 종합해 사회복지사가 인식하는 자신의 정체성은 다음과 같이 정의하였다.

"'지역사회' 안에서 '서로 기대어' 개인과 사회를 '변화'시키며, '사람 사는 세상'을 만들기 위해 '관계'와 '연결'에 대한 '다양한 방법'을 실천하는 '만능 실천가'."라고 할 수 있다. 즉, 지역사회라는 공간 안에서 모두가 함께 참여하여 사람 사는 세상이 되도록 변화시키는 역할을 하며, 관계와 연결을 주요한 실천 전략으로 삼으며 다방면으로 지원하는 실천가라는 점에서 타 전문직과 차별성을 가진다고 본다.

이처럼 사회복지사가 수행하는 역할은 매우 복합적이다. 사회복지사는 상담자, 교육자, 중개자, 중재자, 옹호자, 기획가, 행정가, 정책입안가 등 다양한 역할을 동시에 수행한다. 이 가운데 프로그램 기획가 또는 설계자로서의 역할은 사회복지사가 가장 빈번하게 수행하는 핵심 업무 중 하나이다. 사회복지사는 개인의 변화를 위한 프로그램은 물론, 가족이나 집단, 더 나아가 지역사회와 사회 전체의 변화를 목표로 하는 프로그램을 기획하고 실행한다. 이러한 시대적 요구에 따라 프로그램 기획가로서 사회복지사의 역할은 더욱 주목받고 있으며, 사회복지 프로그램 개발과 평가가 사회복지사의 핵심 직무로 인식되고 있다.

사회복지사의 전문성은 이러한 역할 수행 능력을 통해 구체화된다. 특히 프로그램의 기획, 수행, 평가 능력은 사회복지사의 전문적 수행 능력을 향상시키는 핵심 요소이다. 사회복지 프로그램 개발과 평가는 체계적인 계획과정을 기반으로 이루어지는 사회복지 실천 활동으로, 프로그램이 어떠한 과정을 통해 개발되고 전달되는지를 명확히 보여준다. 또한 사회복지사는 프로그램 수행 과정에서 발생하는 문제를 점검하고 평가 결과를 반영하여 프로그램을 지속적으로 개선할 수 있으며, 이는 곧 사회복지사의 전문성 강화로 이어진다.

3. 사회복지 프로그램 개발과 평가의 중요성

사회복지 프로그램 개발은 현대 사회복지 실천 현장에서 점점 더 중요한 위치를 차지하고 있다. 이러한 중요성은 여러 실천적·제도적 요인이 복합적으로 작용한 결과이다. 특히 사회복지 프로그램 개발과 평가가 주목받는 가장 큰 이유는, 이 과정이 사회복지 영역의 책임성, 효과성, 과학성, 효율성, 전문성에 대한 사회적 요구에 가장 명확하게 응답할 수 있는 핵심적인 수단이기 때문이다. 이에 사회복지 교육과 실천에서 사회복지 프로그램의 중요성은 다음과 같이 설명할 수 있다(이민홍 외, 2024).

1) 책무성과 효과성에 대한 요구

현대 사회로 갈수록 사회복지 영역에서도 책무성에 대한 요구가 강화되고 있다. 책무성이란 사회복지 프로그램이나 조직이 주어진 자원을 활용하여 설정된 목표를 얼마나 효과적이고 효율적으로 달성했는지를 객관적으로 입증해야 한다는 요구를 의미한다. 강한 책무성의 확보는 조직이나 프로그램이 효율적이고 공정하며 윤리적으로 운영되기 위한 필수적인 요소이다(정무성, 2017).

즉, 사회복지 영역에서 책무성이 강화될수록 사회복지 실천은 더욱 효과적이고 효율적이며 적절한 방식으로 수행되고 있음을 의미한다. 이러한 책무성 논의는 서구 복지국가에서 1970년대 후반, 프로그램과 서비스의 비효율성·비효과성·비투명성·비도덕성에 대한 문제 제기에서 출발하였으며, 우리나라에서는 1990년대 후반부터 본격적으로 논의되기 시작하였다. 특히 국내 사회복지 영역에서는 정부 재원과 후원금 등 공공 및 민간 자원에 대한 의존도가 높다는 점에서, 공공 영역을 중심으로 사회복지기관의 책임성을 검증하기 위한 평가 제도가 제도화되었다. 더 나아가 재원 투입이 확대될수록, 투입된 자원이 실제로 효과적으로 사용되고 있는지에 대한 사회적 요구 또한 강화되고 있다. 정부, 후원자, 지역사회는 사회복지기관이 선의에 기반한 활동에 그치지 않고, 클라이언트의 삶에 실질적인 긍정적 변화를 가져왔는지를 입증하기를 기대하고 있으며, 체계적인 프로그램 개발은 명확한 목표 설정과 성과측정을 가능하게 함으로써 이러한 책무성 요구에 부응할 수 있게 한다.

2) 사회복지 개입 효과성

사회복지 실천이 전문직으로 발전함에 따라, 경험이나 직관에만 의존하는 방식에서 벗어나 과학적 근거에 기반한 실천의 중요성이 강조되고 있다. 프로그램 개발 과정은 결코 단순하지 않으며, 사회복지사는 기획 단계부터 프로그램의 효과성을 높이기 위해 체계적으로 접근해야 한다(정무성, 2014). 프로그램 개발 과정에서는 문제를 구조적으로 분석하고, 관련 이론과 선행연구를 검토하며, 논리적인 개입 전략을 수립하는 과정이 필수적으로 요구된다.

이와 같이 사회복지 개입의 효과성에 대한 관심은 프로그램이 의도한 목적과 목표를 실제로 달성했는지 여부에 초점을 둔다. 이는 클라이언트와 전문가 모두에게 중요한 의사결정의 근거가 된다. 사회복지 프로그램 개발과 평가는 효과성을 핵심 기준으로 삼아 기획되고, 그 효과성을 검증하는 데 초점을 둔다는 점에서 사회복지학에서 매우 중요한 위치를 차지한다.

3) 근거기반실천(증거중심실천)

근거기반실천(evidence-based practice)이란, 프로그램을 수행하기 이전에 과학적으로 효과성이 검증된 실천기법, 이론(모델), 지식 등을 토대로 프로그램을 기획하고 수행해야 한다는 원칙을 의미한다. 사회복지 실천현장에서는 개입이나 치료에 대한 의사결정의 근거로 과학적으로 입증된 조사 결과를 활용하는 근거기반실천 모델을 적극적으로 수용하고 있다. 이러한 변화를 가능하게 하는 핵심적인 매개체로 사회복지 프로그램 개발과 평가가 제시되고 있다.

근거기반 사회복지 실천의 절차는 학자에 따라 4단계에서 7단계까지 다양하게 제시되지만, 절차의 내용이 유사하다는 점을 고려할 때 일반적으로 5단계로 정리할 수 있다. 구체적으로 1단계는 답변 가능한 질문을 구성하는 단계, 2단계는 질문에 대한 근거를 탐색하는 단계, 3단계는 수집된 근거를 비판적으로 평가하는 단계, 4단계는 이를 실천에 적용하는 단계, 마지막 5단계는 실행 결과를 평가하는 단계로 이루어진다(Spenberger et al., 2020).

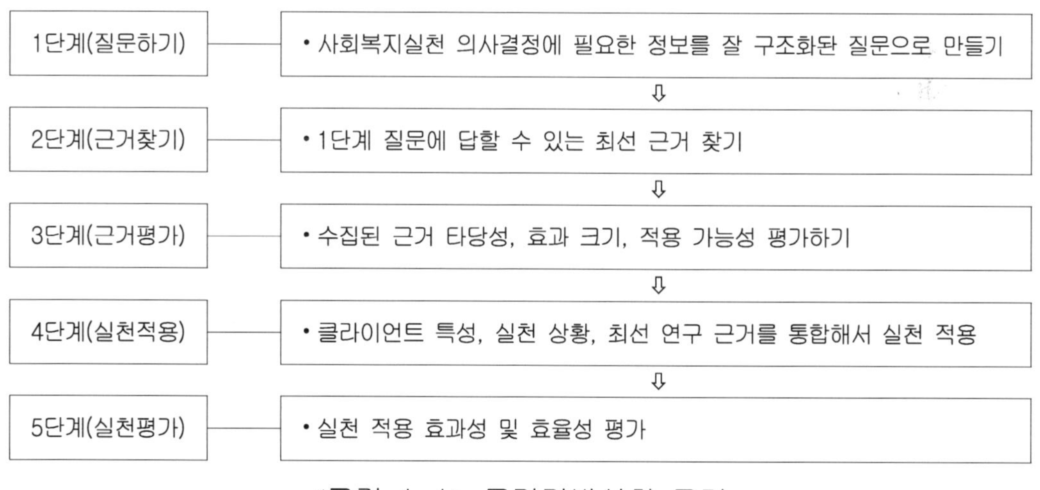

<그림 1-1> 근거기반실천 근거

출처: 공계순 외(2006).

4) 경쟁적 예산 배분

사회복지 실천 현장에서의 서비스에 대한 수요는 지속적으로 증가하지만, 상대적으로 재정자원은 매우 제한적이다. 따라서 사회복지 프로그램을 잘 개발함으로써 효율적으로 자원을 배분하고 최소한의 자원으로 최대의 효과를 낼 수 있다. 특히 국내의 사회복지 실천 현장의 재정 구조가 정부 등 공공자원의 의존도가 높다는 현실을 생각할 때 재원확보를 위한 경쟁은 불가피한 현상이라고 볼 수 있다. 대부분의 사회복지 기관 운영을 볼 때, 공공자원은 인건비 및 운영비의 지출로 대부분 사용되고 있으며, 실제 사회복지 수요자를 위한 프로그램이나 서비스에 투입되는 자원은 거의 없다는 현실이다. 이에 사회복지 기관들은 사업비 재원 마련을 위해 자원개발에 집중할 수 밖에 없다. 이러한 현실에서 실천가들은 다양한 민간 자원을 확보하기 위해 노력하고 있으며, 이러한 민간자원 대부분이 프로포절이라는 제안서 공모형식으로 재원이 분배됨에 따라 더욱 경쟁적일 수밖에 없다. 더욱이 재원 공급자들이 투명성, 효율성, 효과성은 물론 성과를 요구하고 있기에 사회복지 프로그램 개발과 평가는 사회복지사의 중요한 과업이자 실천 분야가 되고 있다.

5) 사회복지사 전문성

사회복지사는 개인과 집단과 상호작용하고 관계를 형성하는 데 필요한 기술을 갖춘, 도움을 제공하는 전문가이다. 사회복지사는 도움의 상황에 다음과 같은 요소들을 가지고 개입한다. 즉, 상황 속의 인간(person-in-environment)에 대한 이해를 제공하는 지식, 도움 방법과 그 방법을 실행하는 수단에 대한 지식, 그리고 과거의 다양한 도움 제공 경험에서 얻은 지식이다.

또한 사회복지사는 전문직 가치, 기관과 지역사회의 가치, 그리고 개인적 가치에 기반한 가치체계를 지니고 있다. 특히 현대 사회에 들어와 복잡한 사회와 복합적인 사회문제, 그리고 다양한 인간 욕구가 존재하는 사회에서 필요한 서비스를 제공하기 위해 여러 명의 사회복지사가 협력적인 방식으로 참여하는 multi-person helping system의 역할이 요구되고 있다. 그리고 사회복지사는 목표달성에 필수적인 전문적인 지식이나 기술을 가지고 있다.(Louise C.Johnson, Stephen J. Yanca, 2001).

이러한 전문적 지식과 기술에 있어 사회복지사의 전문적 수행 능력을 향상시키는 방안으로 프로그램 기획, 수행, 평가 능력이 중요하다. 프로그램 개발과 평가는 체계적인 계획과정에 의해 이루어지는 사회복지 실천 활동으로 프로그램이 어떠한 과정을 통해 만들어지고, 전달되는지를 보여준다.

사회복지사는 프로그램을 수행하는 과정에서 발생하는 문제점이나 평가를 통해 더욱 발전시킬 수 있으므로 사회복지사 전문성을 강화한다(김희성, 2009. 이민홍 외, 2024. 재인용). 이러한 기획 과정과 평가에 대한 과학적 근거에 기반한 사회복지 실천은 사회복지사의 전문직으로서의 자리매김에도 매우 중요한 역할이라고 할 수 있다.

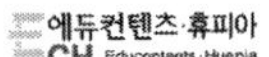
에듀컨텐츠·휴피아
CH Educontents·Huepia

제2장. 사회복지 프로그램 개발의 이해

1. 사회복지 프로그램 개념

1) 프로그램의 개념

프로그램은 다양한 분야에서 사용되는 전문 용어이다. 분야마다 각기 다른 특성을 가지고 있을 수 있으나 공통적인 개념을 찾는다면 프로그램에는 특정한 목표가 있다는 것이다. 그리고 목표를 달성하기 위해 '활동'이나 '요소'(자원)들을 결합하고 일련의 시간적 순서와 계획에 따라 이루어진다고 할 수 있다. 결국 프로그램은 어느 분야에서든지 거기에는 의도가 있으며, 목적을 가지고 계획적으로 일련의 활동을 하는 체계라고 정의할 수 있다.

2) 사회복지 프로그램

프로그램은 사회복지 실천의 핵심 단위로서 이론과 실천을 연결하고, 체계적인 개발과 평가가 가능한 구조화된 개입을 의미한다. 사회복지의 이념과 정책을 구체적인 서비스로 전환하여 실천하는 것이 사회복지행정이라면, 그러한 목적과 역할의 추구에 쓰이는 도구가 프로그램이다. 즉 사회복지 조직의 전형적인 활동이 투입된 자원을 프로그램이라는 서비스를 통해 클라이언트에게 제공하는 것이다(강종수, 2025).

사회복지 프로그램은 개인, 가족, 그리고 지역사회의 개인적·사회적 발달을 다룬다. 이러한 발달은 때로 교육, 훈련, 상담, 치료, 사례관리와 같은 직접서비스 제공을 통해 촉진된다. 또한 자문, 옹호, 의뢰, 정보 제공, 지역사회 개발, 사회행동 등을 통해 간접적으로 이루어지기도 한다. 이러한 프로그램들의 궁극적인 목적은 사용되는 방법과 상관없이, 클라이언트 또는 소비자의 복지를 증진시키는 데 있다(Judith A. Lewis 외, 2001).

사회복지 영역에서의 프로그램의 개념은 학자마다 다양하게 설명하고 있다. 국내·외 주요 학자들의 정의를 정리하면 다음 <표 2-1>과 같다.

〈표 2-1〉 사회복지프로그램 정의

학 자	개 념	강조점
Royse(2015)	프로그램이 특정 목적을 달성하기 위해 설계된 활동들의 조직화	설계된 활동의 조직화
Patti(1983)	조직의 설립이념 또는 사명을 충족시키기 위해 서비스 기술이 클라이언트 집단에게 적용되는 활동이 이루어지는 체계	기관중심적, 사명을 성취하는 수단
Kettner, Moroney & Martin(2017)	특정한 목적을 달성하기 위해 계획되고 조직된 일련의 활동 및 서비스들의 집합	문제해결 중심, 조직적 계획
Netting, Kettner & McMurtry(2004)	목표를 성취하기 위해 자원과 활동을 구조화한 계획된 개입으로 특정 인구집단의 욕구를 충족시기키기 위한 것	대상 집단의 욕구 충족, 개입의 구조화
정무성(2017)	사회복지 조직에서 특정목표를 달성하기 위하여 모든 과정을 마칠 때까지 요구되는 내용의 선정과 조직, 활동, 목표체계, 시설, 인력, 예산, 지원체계, 기간 등과 관련된 전반적인 과정	목표, 체계적 과정
조성우 등(2018)	사회복지 실천의 목적을 성취하기 위해 설계된 조직적인 활동	목적, 조직적 활동
김영종(2013)	사회복지 목적을 구현하기 위한 방법과 절차를 담는 것	목적, 절차
이민홍 외(2017)	사회복지 관련 목적을 달성하기 위해 자원과 기술이 투입되어 일정한 절차에 따라 수행되는 조직의 계획적인 활동들의 집합체	목적, 자원과 기술, 계획적활동

출처: 박용권(2025), 최칠성 외(2024), 재구성.

종합해 보면, 사회복지 프로그램은 사회복지 목표를 달성하기 위한 방법과 절차를 담고 있으며, 특정 사회복지 향상의 목적을 달성하기 위해 계획된 활동이라고 할 수 있다. 여기서 전제되어야 할 것은 광의로는 한 나라의 사회복지 문제 해결이며, 협의로는 지역사회 문제 해결이라는 것이다. 이를 통해 클라이언트에게 서비스나 개입을 제공하는 의도적이고 목적에 기반한 계획적인 활동으로, 사회복지 문제 해결을 위한 체계적인 활동을 의미한다고 할 수 있다.

프로그램은	=	목적과 목표를 지닌	+	서비스 집합이다

목적과 목표	클라이언트 혹은 지역사회를 어떻게 변화시킬 것인지 설명

서비스 집합	목적과 목표 달성을 위해 다양한 서비스를 구성하고 서로 연결

<그림2-1> 프로그램 정의

출처: 조성우 외(2018).

2. 사회복지 실천현장에서 사용되는 유사용어(서비스, 프로그램, 사업, 정책)

사회복지 실천현장에서는 서비스(service), 프로그램(program), 사업(project), 정책(policy) 등의 용어가 혼용되어 사용되고 있다. 이러한 용어들은 때로는 동일한 의미로, 때로는 서로 다른 의미로 사용되면서 현장 실천가들과 학습자들에게 혼란을 야기하고 있다. 예를 들어, 어떤 기관에서는 '노인 여가 프로그램'이라고 부르는 것을 다른 기관에서는 '노인 여가 서비스'라고 부르기도 하며, 정부에서는 '노인 여가 사업'이라는 명칭을 사용하기도 한다.

이러한 용어의 혼용은 단순히 명칭의 문제를 넘어, 개념적 이해의 차이로 이어질 수 있다. 또한 학술적 논의와 실천 현장 간의 소통을 어렵게 만들고, 프로그램 개발 및 평가 과정에서 명확한 의사소통을 저해할 수 있다. 따라서 사회복지 프로그램 개발과 평가를 학습하기에 앞서, 이러한 용어들의 개념과 관계를 명확히 이해하는 것이 필요하다. 다음 표는 각각의 개념을 정리한 내용이다.

〈표2-2〉 서비스, 프로그램, 사업, 정책

구분	정책(Policy)	사업(Project)	프로그램(Program)	서비스(Service)
개념	특정 사회문제 해결이나 목표 달성을 위한 정부나 조직의 기본 방침과 원칙	정책 실현을 위한 조직화된 실행 단위	특정 목표 달성을 위해 체계적으로 조직된 활동의 집합	클라이언트에게 직접 제공되는 구체적인 도움이나 활동
포괄성	가장 포괄적 (거시적 수준)	포괄적 (중범위 수준)	중간 수준	가장 구체적 (미시적 수준)
초점	방향성, 가치, 원칙 제시	목적 달성을 위한 실행	체계적 개입과 변화	직접적인 도움 제공
기간	장기적 (5~10년 이상)	중·단기적 (1~5년)	단기~중기 (6개월~3년)	즉각적~단기
범위	국가, 지역사회 전체	특정 지역, 대상 집단	특정 대상, 구체적 문제	개별 클라이언트, 소집단
구성요소	법률, 규정, 지침, 예산 배분 원칙	여러 프로그램, 예산, 인력, 조직 체계	목표, 대상, 활동, 평가체계	개별 활동, 직접적 상호작용
예시	저출산·고령사회 기본계획 아동복지정책 탈시설화정책	지역사회통합돌봄 선도사업 청년일자리지원사업 다문화가족지원사업	독거노인 사례관리 프로그램 학교폭력 예방 프로그램 알코올중독자 회복 프로그램	전화 안부 확인, 식사 배달 개별 상담, 집단 여가활동

3. 프로그램 구성요건

사회복지 프로그램을 이해하기 위해서는 프로그램의 구성요소가 무엇인지를 확인하는 것이 필요하다. 이민홍 외(2024)는 문헌 검토를 통해서 사회복지 프로그램 개발의 구성요소 접근을 두 가지로 분류해 1) 사회복지 프로그램 개발을 기획 및 설계, 실행, 평가의 3단계 2) 프로그램 개발이 진행되는 세부적 단계를 구체적으로 분류하며 다음과 같이 구성요소를 설명하고 있다.

〈표 2-3〉 사회복지 프로그램 개발 구성요소

학 자	프로그램 구성 단계
황성철 (2005)	1. 기획 및 설계 : 프로그램 기획, 사회문제 분석, 욕구조사, 목적 및 목표, 프로그램 설계 및 개입전략 2. 실행 : 프로그램 실행 및 모니터링, 서비스 질 관리 3. 평가 : 효과성, 효율성 평가
정무성 (2017)	1. 사회문제 및 니드 분석 2. 서비스 대상자 3. 명확하고 구체적인 서비스 목표 4. 서비스 활동 내용 5. 수행인력 체계 6. 예산관리체계 7. 평가체계
이봉주, 김기덕 (2019)	1. 프로그램 기획 2. 문제분석, 욕구 파악, 참여자 선정 3. 목표 설정 4. 프로그램 활동내용 구성 5. 예산 수립 6. 프로그램 평가
조성우외 (2018)	1, 문제 분석 2. 목적 및 목표설정 3. 프로그램 설계 4. 프로그램 자원확보와 예산수립 5. 프로그램 실행과 관리 6. 프로그램 평가

출처: 이민홍 외(2017), 재구성

이상의 문헌을 통해 사회복지 프로그램 개발은 프로그램 기획 및 설계, 프로그램 실행, 프로그램 평가(환류 포함) 등의 과정이 순환적으로 진행되는 것으로 요약할 수 있다. 이에 대한 구체적인 사회복지 프로그램 개발 단계 및 단계별 주요 과업은 다음 표와 같다.

〈표 2-4〉 사회복지 프로그램 개발 단계 및 단계별 주요 과업

사회복지 프로그램 단계	주요 과업
1) 프로그램 기획 및 설계	· 사회문제 분석 · 욕구조사 · 참여자 선정 · 목적과 목표 설정 · 프로그램 개입 전략 및 사업내용 · 프로그램 자원투입계획(예산, 인력, 자원)
2) 프로그램 실행	· 프로그램 실행 관리 · 기록관리 및 정보관리 · 프로그램 마케팅 · 프로그램 모니터링 · 프로그램 서비스 질 관리
3) 평가 단계	· 프로그램 과정평가(형성평가) · 프로그램 성과평가(결과평가) · 향후 운영계획 설절(환류)

출처: 이민홍 외(2017).

지금까지의 사회복지 프로그램 구성요소를 살펴보면, 학자들의 정의가 순서 또는 내용이 거의 비슷한 구성요소임을 알 수 있다. 그리고 사회복지 프로그램 구성요소를 실천 현장에서 적용하는 데 있어 무엇이 옳고 틀린 것이라고 할 수는 없다. 이러한 사회복지 프로그램 구성요소는 사회복지기관의 문서 규정에 제시하여 적용하고 있으나, 공통된 양식을 적용하고 있지는 않다. 이러한 현실에서 보편적으로 사용하고 있는 것이 사회복지공동모금회 배분신청서 표준양식이라고 할 수 있다. 사회복지공동모금회 사업계획서는 성과중심형, 상과확산형, 산출중심형으로 구분하였고, 구성요소를 1) 사업명 2) 사업 내용 및 추진 전략 3) 예산편성 4) 문제의식(사업 필요성) 5) 목표 및 평가 6) 사업종료 후 지향점 등이다(사회복지공동모금회, 2025).

4. 프로그램 유형

사회복지 프로그램을 기획한다는 것은 어떤 유형의 사회복지 프로그램이 있는 지를 먼저 확인하는 것이 중요하다.

Charles Zastrow(2008)는 산업화가 덜 이루어진 사회에서는 사람들의 기본적 욕구가 보다 직접적이고 비공식적인 방식으로 충족되어 왔으나, 현대 사회는 가족이나 친척과 떨어진 대규모 도시 공동체에서 살아가며, 이웃의 이름조

차 모르는 경우도 흔하다고 한다. 또한 이동성이 커지면서 뿌리가 약해졌고, 우리가 살고 있는 지역사회에 대한 이해도 제한적이다.

직업적으로는 점점 더 전문화되었고, 그 결과 타인에 대한 상호의존성은 증가한 반면, 삶의 주요 영역에 대한 통제력은 감소하였다고 본다. 급속히 변화하는 현대 사회는 과거의 사회문제를 악화시키고 새로운 문제를 만들어내는 토양이 되고 있다. 예를 들어 노숙인의 증가, 범죄율 상승, 반복되는 에너지 위기, 테러리즘, 환경 파괴 등이 그것이다.

이러한 상황에서 과거의 농촌·개척 시대적 사회복지 방식은 더 이상 유효하지 않다고 하면서 〈표 2-5〉와 같이 사회복지의 주요 기능을 설명하고 있다.

〈표 2-5〉 사회복지의 주요 기능

사회복지의 주요 기능	
부모가 없는 아동을 위한 가정 마련 알코올 또는 약물 중독자의 재활 정서적 어려움을 겪는 사람들에 대한 치료 노인의 삶을 보다 의미 있게 만드는 지원 신체적·정신적 장애인을 위한 직업재활 서비스 제공	빈곤층의 경제적 욕구 충족 범죄를 저지른 청소년 및 성인의 재활 모든 형태의 차별과 억압의 해소 맞벌이 부모를 위한 보육 서비스 제공

이러한 다양한 사회복지의 기능에 대해 개입하는 것이 사회복지 프로그램일 것이다. 이에 사회복지 프로그램 유형은 보는 관점과 기준에서 학자마다 다양한 형태로 구분해 설명하고 있다. 황성철(2005)은 사회복지 프로그램 유형을 <표 2-6>과 같이 구분해 설명하고 있다.

〈표 2-6〉 사회복지 프로그램 유형

구분	내용
프로그램 성격 및 정책별 구분	· 사회화와 발달적 욕구 충족을 위한 프로그램 · 문제를 갖는 개인 또는 가족의 치료, 보호, 지원 서비스 · 서비스 접근성을 확보하기 위한 안내 및 의뢰 프로그램
표적집단 (실천대상)별 구분	· 개인, 가족, 집단, 조직, 지역사회 및 전체 사회를 대상으로 하는 프로그램 · 직접 혹은 간접서비스
기능별 구분	· 교육, 재활, 치료 프로그램 · 종합사회복지관의 가족기능 강화, 지역사회보호, 지역사회조직 등
프로그램 구성 체계별 구분	· 상위 프로그램(아동복지)과 하위 프로그램(결식 지원) · 단위 프로그램(캠페인,캠프)과 연속 프로그램(교육 및 훈련), 종합프로그램(상담, 재활, 교육 등의 복합) 등

그리고 우수명(2005)은 활동 내용별, 연속성, 활동 영역별, 프로그램 제공, 재원조달 등의 분류 기준에 따라 구분하고 있다. 이 중에서 활동 내용별 유형은 〈표 2-7〉과 같다.

〈표 2-7〉 활동 내용별 프로그램 유형

구 분	내 용
전문 임상 프로그램	개인,가족 대상의 심리적 문제해결 또는 원조를 위한 활동으로 심리정서, 임상 치료, 재활, 개별보호, 소집단
문화여가 프로그램	축제, 행사, 역사탐구, 건강, 캠프, 취미 및 교양, 사회교육
사회연계 프로그램	자조모임, 자원봉사자 및 후원자 개발, 자활
사회운동 프로그램	주민자치 조직화, 법률지원, 인권운동, 제도개선
사회보장 프로그램	공교육, 사회보장, 의료보장, 자활지원사업, 고용보장

이민홍 외(2024)는 사회복지 프로그램 유형 구분 방법으로 표적집단(실천대상), 성격(참여자 욕구나 문제), 목적, 프로그램 위계 등을 설명하고 사회복지공동모금회의 배분사업에서 표적 집단을 활용하여 다음 <표 2-8>과 같이 프로그램을 구분하고 있다.

〈표 2-8〉 사회복지공동모금회 지원현황 : 참여자 분류

참여 대상	예 시
아동·청소년	학교 밖 청소년 진로탐색을 통한 평생직업교육 지원사업
노인	65세 이상 홀몸어르신의 건강한 삶을 위한 프로그램 '행복한 삼시세끼'
장애인	발달장애인과 부모의 행복한 미래를 위한 평생 모바일 배움터 '채비.net'
여성·다문화	다문화가족의 가정폭력 예방을 위한 결혼이주민 전문강사 양성 및 찾아가는 교육/상담 사업
위기가정	저소득 가정의 가족기능강화를 위한 가족통합 힐링 프로그램 'Fun한 우리가족'
지역사회	가족이 안전한 마을 조성을 위한 주민공동체 자치활동 기반의 주민조직 활성화 프로그램
북한/해외기타	탈북민 가정 자녀 교육·심리·사회적응·경제적 자립 등 통합적 지원사업

출처: 이민홍 외(2024).

또한 사회복지 프로그램 유형은 프로그램 기획 목적으로 참여자의 욕구나 문제에 따라 구분할 수 있다. 사회복지공동모금회는 프로그램의 성격에 따라 ① 기초생계지원 ② 교육·자립지원 ③ 소통과 참여 확대 ④ 문화·정보 격차 해소 ⑤ 보건·의료지원 ⑥ 심리·정서지원 ⑦ 사회적 돌봄 강화 ⑧ 주거·안전 지원 ⑨ 재난재해·기후위기 대응의 9개의 분야로 분류하고 있다.

또한 8대 배분 분야를 중심으로 지속가능발전목표(UN SDGs)를 적용, 모금회 배분사업의 특성을 고려한 지속가능발전목표(C-SDGs)를 독자적으로 수립하여 배분 성과와 사회적 가치를 강조하고, 지속가능발전을 위한 국제사회의 노력에 동참하고 있다. 이에 따른 프로그램을 소개하면 다음 <표 2-9>와 같다.

〈표 2-9〉 사회복지공동모금회 프로그램 구분 사례

구분	C-SDGs	프로그램
기초 생계지원	경제적 빈곤퇴치 영양 및 급식지원/기아종식	·약수, 시장이 반찬:영양지원이 필요한 취약계층 어르신들의 든든한 한 끼 식사를 위한 밑반찬 지원 프로젝트
교육자립 지원	교육 및 자립역량 강화 양질의 일자리 만들기 적정기술과 정보기술 격차해소	·느려도 괜찮아, 함께 성장하자 '함성 프로젝트' 느린학습아동의 사회적응력 향상을 위한 맞춤형 지원사업 ·꿈틀꿈틀(꿈의 틀) 이주 배경 초등학생의 학교생활 적응 및 진로 탐색 프로그램
소통과 참여 확대	성평등 지속가능한 지역사회 인프라 구축	·놀이터를 지켜라 캠페인(아동 놀 권리 회복을 위한 도시놀이 환경 개선 사업 ·'老(노)인과 · 세 명의 예술가 함께 만드는 놀라운 · 世(세)상': 지역주민 치매친화 공동체 구축을 위한 노인과 청년예술가 함께하는 사회참여적 접근 문화예술활동지원 프로젝트
문화정보 격차 해소	사회적 배제 감소와 불평등 완화	·통합 꿈 놀이터'꿈 노리단 SEASON3'(발달장애가 있는 아동과 비장애아동의 지역기반 통합놀이 플랫폼 구축 프로그램
보건·의료 지원	신체·정서적 건강과 회복 깨끗한 물과 위생	·희귀 난치성질환자 의료비 지원사업
심리·정서 지원	신체·정서적 건강과 회복	·엄마, 우리집이 제일 좋아(위기 여성한부모가정 자녀의 공간 마련을 통한 자존감 향상 및 긍정적 관계 회복 지원사업 ·'심(心)심(心)人(인) Line(라인)' 심심인라인Ⅱ 마음 건강의 어려움이 있는 지역주민 대상으로 건강한 마을지원 체계 구축을 통한 마음건강자립사업
사회적 돌봄 강화	사회적 배제 감소와 불평둥 완화	·넷-플렉스(Net-Felx) : 지역사회내 사각지대 돌봄가족 조기발견 및 맞춤형 돌봄체계 구축을 위한 민관학 협력 프로젝트
주거·환경 개선	모두를 위한 깨끗한 에너지 지속가능한 지역사회 인프라구축 지속가능한 생산과 소비 기후변화와 대응 해양생태계보존	·그린캐스터:지역내 기후위기 취약계층 돌봄 마을 만들기를 위한 청소년 주도의 환경보호 프로젝트 ·사필귀정 시즌 2(환경복지를 위한 지식과 공감(feel), 채움(fill), 현장(field)의 실천 방법 찾기(find):사회복지 종사자들의 역량강화를 위한 환경리더교육 사업

출처: 사회복지공동모금회 배분사례집(2024)

지금까지 살펴본 다양한 사회복지 프로그램의 유형에 대해 단순히 범주화하기보다는 프로그램의 유형, 특히 지속가능발전의 SDGs의 유형을 사회복지 실천현장에서는 주목해 보면서 지역사회에 필요한 문제 해결을 위한 프로그램 개발로 적극 활용하여 지역사회 문제 해결에 대한 명확한 이슈를 가지고 다양한 프로그램이 개발되는 것이 필요하다.

5. 좋은 프로그램의 특성과 사회복지사의 역량

1) 우수한 프로그램의 특성

좋은 사회복지프로그램은 클라이언트 삶의 질 향상과 사회문제 해결이라는 본질적 목표를 달성하기 위해 여러 조건을 충족해야 한다. 이러한 조건들은 프로그램의 기획 단계부터 평가 단계까지 일관되게 적용되어야 한다.
우수한 사회복지프로그램이란 단순히 잘 운영되는 프로그램을 넘어서, 클라이언트의 삶에 의미 있는 변화를 가져오고, 자원을 효율적으로 활용하며, 지속 가능한 성과를 창출하는 프로그램을 의미한다. 즉 프로그램의 기획 단계부터 평가단계까지 일관되게 적용되어야 한다.

우수 프로그램을 판단하는 기준은 다양하다. 효과성(effectiveness)은 프로그램이 설정한 목표를 달성했는지를 평가하고, 효율성(efficiency)은 투입 대비 산출의 비율, 즉 비용 효과성을 측정한다. 적절성(appropriateness)은 프로그램이 클라이언트의 실제 욕구에 부합하는지를 판단하며, 접근성(accessibility)은 서비스가 필요한 사람들이 실제로 이용할 수 있는지를 평가한다. 지속가능성(sustainability)은 프로그램의 성과가 일시적이지 않고 장기적으로 유지되는지를 살펴보는 것이다. 이러한 기준들은 상호 배타적이지 않으며, 이러한 다차원적 기준들을 종합적으로 고려하여 설계되고 운영되는 것이다.

그렇다면 구체적으로 좋은 프로그램이 갖추어야 할 특성에 대해 Royse 등(2001)이 설명하는 특성을 우리 현장의 상황에 맞게 설명하면 다음과 같다.

(1) 우수한 직원(staffing)

사회복지서비스를 휴먼서비스라고 하는 이유는 인간이 스스로 도구나 재료가 되어 운영되는 서비스이다. 즉 좋은 프로그램을 만든다는 것은 필요한 자원을 확보하고, 이를 효율적으로 배치하여 활용할 수 있는 전문 인력이 중요하다. 개입되는 서비스의 내용에 따라 다를 수는 있지만 사회복지사, 상담사, 교사, 간호사, 물리치료사 등이 참여할 수 있다. 또한 외부 전문가나 자원봉사가 필요하면 외부 자원을 참여시킬 수 있다. 즉 사회복지에 대한 전문성을 갖춘 직원이 프로그램을 기획하고 운영해야 좋은 서비스를 클라이언트에게 제공할 수 있다.

(2) 프로그램 예산(Budgets)

성공적인 프로그램 수행을 위해서는 안정적인 재원 확보가 매우 중요하다.

아무리 좋은 기획의 프로그램이다 하더라도 예산이 없으면 성공적인 수행은 절대 이루어질 수 없다. 따라서 프로그램의 목표와 구성 그리고 진행에 필요한 사업비 등을 충분히 고려해 예산을 수립해야 한다. 또한 예산 사용에 있어서도 투명한 관리를 통해 프로그램의 책임성을 높이고, 효율적인 집행을 할 수 있는 방안을 동시에 고려해야 한다.

(3) 안정적 재원 확보(stable funding)

사회복지 프로그램 재원은 정부보조금, 후원금, 사업수입, 법인보조금 등 다양한 재원으로 확보할 수 있다. 이에 다양한 재원에 대한 이해와 경로 및 정보를 통해 안정적인 재원 확보를 위한 노력이 필요하다. 왜냐하면 좋은 프로그램이라도 예산의 부족으로 인해 서비스가 중단된다거나, 투입된 인력의 고용안정이 불안정하다면 프로그램의 의미는 없어진다. 결국 안정적인 재정은 프로그램의 지속가능성을 보장할 수 있기에 재원확보를 위한 정부 보조금, 후원자 개발, 기업재단 및 사회복지공동모금회 등 다양한 단체의 재정지원에도 관심을 가져야 한다.

(4) 고유한 정체성((recognized identity)

좋은 프로그램의 특성 중 하나는 프로그램 자체의 고유하게 인정된 정체성이 있는지에 대한 여부이다. 프로그램의 고유한 정체성은 대중에게 명시될 수 있어야 하며 인정받을 수 있어야 한다. 이러한 고유한 정체성 확보를 위한 전제는 기관의 미션과 비전에서 시작된다고 할 수 있다. 명확한 정체성은 유사 프로그램과의 차별성을 부각하고, 프로그램의 전문성과 신뢰도를 높여 필요한 사람들이 쉽게 접근하고 이용할 수 있도록 하는 데 필수적이다. 이는 슬로건, 로고 등 시각적 상징물 사용, sns, 웹사이트 등을 통한 적극적이고 지속적인 홍보 및 소통활동으로 구축된다. 예를 들어, 아동을 위한 '아이하나, 세상하나', 장애인을 위한 '같이의 가치', 지역복지 영역의 '복지는 마을에서부터'와 같은 슬로건은 프로그램의 가치와 정체성을 명확히 알 수 있게 한다(박용권, 2025).

(5) 이론적 기반(conceptual or theoretical foundation)

우수 프로그램은 검증된 이론과 실증적 연구에 기반하여 설계된다. 왜 이 개입이 효과가 있을 것인가에 대한 이론적 설명이 명확하며, 유사한 프로그램의 성공 사례나 연구 결과를 근거로 제시한다. 특히 사회복지 프로그램 설계와 개입 방법은 인간행동과 사회환경, 사회복지실천론 및 실천기술론에서 설명하고 있는 심리사회적 이론과 실천모델(일반체계이론, 생태체계이론, 과업중심모델, 인지행동도델, 해결중심상담 등)을 비롯해 클라이언트의 강점 관점과 연계한 자원 연계 및 확보와 같은 실천근거를 마련해 프로그램을 제공한다는 것이다.

이론적 기반은 프로그램의 논리를 명확히 제시해야 한다는 것이다. 논리모델이나 변화 이론을 통해 투입-활동-산출-성과-영향에 이르는 인과 경로가 체계적으로 제시되는 것처럼, 좋은 프로그램은 각 단계 간의 연결이 논리적이며, 왜 이 활동이 이러한 변화를 가져올 것인지에 대한 이론적 근거가 종합적으로 검토되어야 한다는 것이다.

(6) 증거기반 실천(evidence-based research foundation)

사회복지 프로그램은 과학적으로 연구되어 그 효과가 검증된 최상의 증거를 적극적으로 활용하는 것이 중요하다. 이를 위해 사회복지사는 개입하기 이전에 가능한 개입 방법들의 유용성을 측정한 관련 연구들에 대해 검토와 평가를 해야 한다. 학술논문, 체계적 문헌고찰, 메타분석 등 성과문헌들에 대한 신중한 탐색과 비판적인 검토는 개입 방법별로 신뢰할 만한 효과성을 발견할 수 있게 해 준다. 이런 접근만이 서비스 공급자를 설득할 수 있으며, 비용효과적이고, 윤리적인 사회복지 프로그램을 가능하게 해 주는 수단이 된다. 연구기반실천을 할 수 있는 사회복지 프로그램이 제공될 때 우수한 프로그램 조건을 충족할 수 있다(이민홍 외, 2024).

(7) 서비스 철학(service philosophy)

서비스 철학이란 기관과 프로그램 수행 담당자가 클라이언트를 어떻게 바라보고, 서비스를 어떻게 제공하며, 어떤 윤리적 기준을 가지고 있는 명시적 혹은 암묵적 입장이다. 이는 프로그램 제공 과정에서 직원들의 태도와 행동, 의사결정에 구체적으로 반영되아야 하며, 클라이언트를 존중하는 방식, 서비스 제공의 기본 원칙, 윤리적 기준 등을 포함해야 한다. 예를 들어 클라이언트 중심주의, 자기결정권 존중, 임파워먼트, 비밀보장, 강점관점 등의 가치와 서비스 철학이 핵심이 될 수 있다(박용권, 2025).

(8) 체계적인 평가활동(systematic efforts at empirical evaluation of services)

우수 프로그램은 기획 단계부터 평가를 계획하며, 진행 과정을 지속적으로 모니터링하고, 체계적으로 성과를 평가해야 한다. 이를 위해 과학적이고 체계적인 평가 계획을 수립해야 한다. 이를 위해서는 무엇을 측정할 것인지(평가 지표), 어떻게 측정할 것인지(측정 도구와 방법), 언제 측정할 것인지(평가 시점), 누가 평가할 것인지(평가 주체)가 명확히 정해야 한다. 또한 신뢰할 수 있는 측정 도구를 사용해야 한다. 현장에서 흔히 만족도 조사, 심리검사, 관찰 등의 방법들이 활용되는데 중요한 점은 타당도와 신뢰도가 검증된 표준화 척도를 우선적으로 사용하며, 양적 지표와 질적 지표를 균형 있게 활용해야 한다.

체계적인 평가활동은 프로그램의 목표 달성 여부, 개선 방향, 서비스의 질을 향상시키는데 꼭 필요한 요소이며, 클라이언트 및 가족은 물론 일반 대중에게 정당성을 확보할 수 있는 역할도 한다. 이를 통해 이해관계자들에게 투명성과 책무성을 확보할 수 있는 근거 자료가 된다.

2) 사회복지사의 핵심역량

사회복지프로그램을 성공적으로 개발하고 운영하기 위해서는 사회복지사가 다차원적인 역량을 갖추어야 한다. 이러한 역량들은 교육과 훈련, 실천 경험을 통해 지속적으로 개발되고 향상되어야 하며 다음과 요약할 수 있다.

첫째, 분석적 사고와 문제해결 능력이 필요하다. 사회복지사는 복잡한 사회문제와 클라이언트의 복합적 욕구를 체계적으로 분석하고, 문제의 본질을 파악할 수 있어야 한다. 이를 위해 다양한 정보를 수집하고 비판적으로 검토하며, 여러 대안을 비교 평가하여 최선의 해결책을 도출하는 능력이 필요하다.

둘째, 기획 및 프로그램 설계 역량이다. 사회복지사는 프로그램의 목적과 목표를 명확히 설정하고, 이를 달성하기 위한 구체적인 전략과 활동을 체계적으로 설계할 수 있어야 한다. 또한 프로그램 기획서를 논리적이고 설득력 있게 작성하는 문서화 능력도 중요하다.

셋째, 의사소통과 대인관계 역량이 핵심적입니다. 사회복지사는 클라이언트, 동료, 상급자, 지역사회 파트너 등 다양한 이해관계자와 효과적으로 소통해야 한다. 경청 능력, 공감 능력, 명확한 표현 능력은 물론 갈등 상황에서의 조정과 협상 능력도 필요하다. 특히 프로그램 개발 과정에서 이해관계자들의 참여를 이끌어내고 협력을 구축하는 능력이 중요하다.

넷째, 조사연구 및 평가 역량을 갖추어야 합니다. 욕구조사를 설계하고 실시할 수 있어야 하며, 양적·질적 데이터를 수집하고 분석하는 기본적인 연구 방법론을 이해해야 한다. 또한 프로그램 평가를 위한 측정도구를 선택하고, 평가 결과를 해석하여 실천에 적용할 수 있는 능력이 필요하다. 또한 통계 프로그램과 같은 도구를 활용할 수 있다면 더욱 효과적일 수 있다.

다섯째, 자원개발 및 관리 역량이 요구됩니다. 제한된 자원 내에서 최대의 효과를 내기 위해 예산을 효율적으로 관리하고, 필요한 자원을 확보하기 위한 전략을 수립해야 한다. 공모사업신청서 작성, 후원자 개발, 지역사회 자원 발굴 및 연계 능력이 포함된다.

여섯째, 윤리적 판단 및 실천 역량이 필수적이다. 사회복지사는 전문직의 가치와 윤리 원칙을 내재화하고, 실천 과정에서 발생하는 윤리적 딜레마를 인식하고 적절히 대응할 수 있어야 한다. 클라이언트의 자기결정권 존중, 비밀보장, 이해 상충 방지 등의 원칙을 프로그램 개발과 운영의 모든 단계에서 준수해야 할 것이다.

일곱째, 문화적 감수성과 다양성 존중 역량이 중요하다. 다문화 사회에서 다양한 배경을 가진 클라이언트를 이해하고 존중하며, 문화적으로 적합한 서비스를 제공할 수 있어야 한다. 자신의 편견과 선입견을 인식하고 극복하려는 노력이 필요하며, 소수자와 취약계층의 권리를 옹호하는 역량도 포함된다.

여덟째, 자기성찰 및 전문성 개발 역량이 요구됩니다. 우수한 사회복지사는 자신의 강점과 한계를 객관적으로 평가하고, 지속적인 학습과 훈련을 통해 전문성을 향상시킬 수 있다. 슈퍼비전을 적극적으로 활용하고, 동료와의 사례 검토, 학회 참여, 최신 연구 동향 파악 등을 통해 평생학습자로서의 자세를 유지해야 한다.

우수한 사회복지프로그램의 개발과 운영은 이러한 조건과 역량이 유기적으로 결합될 때 가능한 것이다. 사회복지사는 자신의 역량을 지속적으로 개발하면서 프로그램의 질적 수준을 높이기 위해 노력해야 하며, 이를 지원하고 수행하는 주최 기관 또한 이를 지원하는 환경을 조성해야 하는 것이 무엇보다 중요하다.

에듀컨텐츠·휴피아
ECH Educontents·Huepia

제2부.

사회복지 프로그램 기획과 실행 과정 이해하기

제3장. 사회복지 프로그램 기획

제3장. 사회복지 프로그램 기획

1. 기획이란

기획(planning)은 문제해결을 위한 의도적이고 의식적인 노력이다. 기획이란 문제를 해결하고 미래에 예상되는 사건들에 대한 경로를 통제하는 의도적인 시도로서, 그 핵심적인 활동은 예견, 체계적 사고, 조사, 가치 선호 등을 통해 대안을 선택하여 나가는 것이다(김영종 외, 2023). 그러므로 기획은 조직이나 개인이 달성하고자 하는 목표를 설정하고, 그 목표를 효과적으로 달성하기 위해 필요한 행동과 수단, 절차를 사전에 체계적으로 결정하는 과정을 의미한다. 기획 개념과 관련해 사업의 실행 혹은 집행을 포함하는 '진행형'의 개념으로 보는 것이다. 따라서 기획은 기획과정의 결과로 단순히 계획서가 완성되는 것을 뛰어 넘는다. 즉 기획은 계획서대로 실행하고 평가하여 예측하지 못했던 상황이 발생하면 이를 조정함으로써 사업의 성공 가능성과 효과성을 높이는 지속적인 개념인 것이다(황성철 외, 2020).

2. 기획과 계획의 차이점

기획(planning/企劃)과 계획(plan/計劃)을 혼용해서 사용하기도 한다. 계획이란 어떤 일을 하기에 앞서 방법, 순서, 규모 등을 미리 생각하여 세운 내용을 의미한다. 이러한 계획을 수립하는 과정을 기획이라고 하며, 이 과정을 통해 얻은 결과물을 계획이라고 할 수 있다.

〈표 3-1〉 기획과 계획의 차이

구분	내용
기획 (planning)	·계획을 세우는 활동과 과정을 말하며 초점을 두는 계속적인 행동으로서의 의미가 강함 ·특징 : 미래지향적, 계속적인 과정, 의사결정과 연결, 목표지향적, 목표를 위한 수단, 과정에 초점을 둠
계획 (plan)	·기획에서의 계속적인 행동과정을 통해 얻어진 결과로서, 어떠한 구체적인 사업에 대한 일을 하기에 앞서 방법, 순서, 규모 등을 미리 생각하여 세운 내용 ·기획서에서 도출된 결론(결과물 또는 내용) / 결과를 강조

출처: 정무성(2017), 박용권(2025), 재구성.

3. 기획의 특성

프로그램 기획의 다양한 특성을 살펴보면 다음과 같다(정무성, 2017. 박용권, 2025. 재구성).

1) **미래 지향적** : 현재가 아닌 미래에 초점을 맞추는 것이다. 과거와 현재를 토대로 하여 미래의 사건을 꾸미는 것이다. 앞으로 일어날 일들을 예측하고, 예측된 미래에 효과적으로 대응하며, 달성하고자 하는 미래의 상태를 설정하는데 초점을 맞춘다. 이 과정에서 사회적 트렌드, 정책 변화, 인구학적 변동 등 다양한 미래 요인들을 고려해야 하며, 미래는 불확실성을 내포하고 있기 때문에, 여러 시나리오를 준비하고 유연하게 대응할 수 있는 여지를 남겨두어야 한다.

2) **지속적인 과정** : 기획은 일회적인 행동이 아니고, 계속적인 모니터링(monitoring)과 환류(feedback)과정이다.

3) **의사결정 과정** : 기획은 선택과 의사결정의 연속이다. 정책이나 사업을 결정하는데 있어 최적의 경로를 선택하는 것이다. 어떤 문제를 우선적으로 다룰 것인가, 어떤 대상 집단에 초점을 맞출 것인가, 어떤 개입 방법을 사용할 것인가, 제한된 예산을 어떻게 배분할 것인가 등 끊임없이 결정을 내려야 한다. 각각의 선택은 다른 대안을 포기하는 것을 의미하므로, 신중하고 전략적인 의사결정이 필요하며, 이 과정에서 이해관계자들의 의견을 수렴하고 합의를 도출하는 능력이 필요하다.

4) **목표지향적** : 기획이란 적절한 수단을 통해서 목표를 달성하려는 과정이다. 목표는 기획의 방향을 제시하고, 자원 배분의 우선순위를 결정하며, 성과 평가의 기준이 된다. 다시말해 계획을 수립할 때 목표를 명확히 설정하고, 목표를 효율적이고 효과적으로 달성하기 위한 구체적인 방법과 전략을 수립하는 데 집중한다. 여기서 목표가 불명확하거나 모호하면 기획 전체가 방향성을 잃게 되기 때문에 측정 가능하고 달성 가능하도록 목표를 구체화하는 것이 중요하다.

5) **목표를 위한 수단** : 기획은 그 자체가 목적이 아니라, 목표를 달성하기 위한

수단이다. 기획은 목표 달성을 위해 필요한 자원(인력, 예산 등)을 어떻게 활용할지, 어떤 활동을 수행할지, 그리고 시간 일정을 어떻게 관리할지를 구체적으로 설계한다.

6) **합리적이고 체계적인 사고 과정** : 감정이나 직관에만 의존하는 것이 아니라, 객관적인 데이터와 과학적 방법론에 근거하여 의사결정을 내린다. 문제를 분석할 때는 다양한 정보원으로부터 자료를 수집하고, 이를 체계적으로 정리하며, 논리적으로 해석한다. 대안을 선택할 때는 각 대안의 장·단점을 비교·분석하고, 예상되는 결과를 평가하여 최선의 선택을 한다. 이러한 합리성은 기획의 정당성과 설득력을 높이는 데 기여한다.

7) **실현 가능성** : 기획은 선택받아야 프로그램으로 실행된다. 기관 자체 프로그램으로 인정받기 위해서는 우선적으로 기관의 미션과 비전 그리고 기관의 현실을 반영한 사업이 수용될 것이다. 반면 외부 재원의 경우에는 선정 기준이 타당성, 예산과 자원, 재원을 지원하는 기관(정부, 재단, 사회복지공동모금회 등)의 특성과 가치에 따라서 달라질 수 있으나, 이 또한 현실적 실현 가능성을 통해 선택받을 수 있다는 것을 고려할 때 기획은 실현 가능성이 가장 중요한 요소이다.

8) **참여적이고 협력적인 과정** : 효과적인 기획은 소수의 전문가만이 아니라 다양한 이해관계자들의 참여를 통해 이루어진다. 클라이언트, 실무자, 관리자, 지역사회 주민, 후원자 등 프로그램과 연관된 사람들의 의견과 경험을 수렴할 때, 기획의 적실성과 실행 가능성이 높아진다. 특히 클라이언트의 참여는 그들의 진정한 욕구를 파악하고 자기결정권을 존중하는 데 필수적인 요소이다.

4. 프로그램 기획의 필요성

사회복지 프로그램은 목표 달성을 위한 전반적인 활동을 포함하고 있으며, 성공적인 프로그램의 수행과 관리를 위해서는 체계적인 기획이 전제되어야 한다. Skidmore(1995)는 프로그램 기획의 필요성을 다음과 같이 설명하였다.

1) 불확실성 감소

급변하는 사회환경 속에서 기획은 미래를 예측하고 변화에 대응할 수 있는 기반을 마련할 수 있다.

2) 합리성 증진

프로그램이 비합리적이거나 경험에만 의존한 것이 아니라 다양한 정보를 수집하고 분석하여 객관적이고 증거에 기반한 결정을 내릴 수 있도록 지원한다.

3) 효율성 증진

제한된 자원(인력, 재정 등)을 어떻게 가장 효율적으로 제공할 것인지, 최소의 비용으로 최대의 효과를 위해 노력하는 과정이 필요하다.

4) 효과성 증진

프로그램 기획은 의도와 목적 그리고 계획적 개입 활동을 통해 클라이언트의 문제해결과 변화에 초점을 둔다. 즉 구체적으로 제시한 프로그램의 목표달성 여부를 통해 효과성이 입증되어야 한다.

5) 책무성 이행

사회복지 프로그램의 재원은 정부 보조금, 후원금 등이 공공재원이 주요 재원이다. 따라서 그 사용에 대한 정당성과 투명성을 입증해야 한다. 또한 체계적인 기획을 통해 왜 이 프로그램이 필요한지, 어떤 성과를 기대할 수 있는지, 자원이 어떻게 사용되는지를 다양한 이해관계자(후원자, 정책결정자, 지역사회 등)들에게 명확히 제시해야 한다. 책임을 다하기 위해서는 서비스에 대한 기획이 반드시 필요하며 동시에 평가를 통해 검증해야 한다. 이를 통해 조직 활동의 책무성과 프로그램의 정당성을 확보할 수 있다.

6) 프로그램 관련자들의 이해 증진과 욕구 충족

기획 과정에는 다양한 이해관계자(클라이언트, 지역주민, 관련기관 등)들이 관계한다. 이 과정에서 프로그램에 대한 정보 공유를 통해 프로그램을 이해하고 참여할 수 있으며. 평가 등을 통해 이해관계자들의 욕구 충족에 대한 환류를 확인할 수 있다.

7) 사회복지 조직 실무자의 사기 진작

기획에 참여한 실무자들은 프로그램의 목표 달성에 자신의 경험과 아이디어가 반영됨으로써 사기진작이 될 수 있다. 이는 실무자들의 소속감과 만족도를 높일 수 있으며, 프로그램에도 좋은 영향력을 미칠 수 있다.

5. 프로그램 기획의 단계와 과정

프로그램 기획은 단순히 활동을 나열하는 것이 아니라, 일련의 단계 또는 과정을 거쳐서 이루어지는 지속성의 특성을 가지고 있는 창조적인 작업이다. 다시 말해, 기획은 계획을 만드는 과정에 국한된 것이 아니라, 실행과 평가까지 수립하는 전문적인 과정이다. 사회복지 프로그램은 기획과 실행과 평가를 거치면 종결되는 것이 아니라, 피드백 과정을 거쳐 다시 다음 사이클의 기획 과정으로 계속 연결된다(김영종, 2019). 이러한 기획 과정에 대한 학자들의 프로그램 기획 단계를 살펴보면 다음과 같다.

〈표 3-2〉 주요 학자들의 프로그램 기획 단계

학 자	기획 단계
York(1982)	①문제 및 욕구의 확인 ②목표설정 ③자원 및 전략의 개발 ④프로그램 설계 및 실행계획 수립 ⑤평가계획 수립
Taber & flnnegan (1980)	①사회문제분석 ②대상 결정 ③사회복지이론의 결정 ④서비스 절차의 구체화 ⑤핵심인물 식별 ⑥도움 환경 명시 ⑦실제 도움 행동의 기술 ⑧감정과 반응의 식별
Kettner, Moroney & Martin(2012)	①문제분석 ②욕구 측정 ③전략 선별 ④목표 설정 ⑤프로그램 설계 ⑥정보관리체계 구축 ⑦예산수립 ⑧프로그램 평가
Skidmore(1995)	①문제 정의 및 욕구 확인 ②관련정보의 확보 ③해결 대안의 개발 및 평가 ④최선의 대안 선택 ⑤대안의 실행 ⑥환류
김영종(2019)	①문제확인 ②목적 및 목표설정 ③프로그래밍 ④실행 및 관리 ⑤평가

출처: 박용권(2025).

프로그램 기획 단계를 요약해 보면 ① 문제분석 및 욕구 사정 ② 목적과 목표 설정 ③ 개입 전략 구성 ④ 프로그램 실행 및 관리 ⑤ 평가 등의 과정으로 단계 구분할 수 있다. 프로그램 기획 과정의 단계별 주요 과업들을 제시하면 <표 3-3>과 같다.

〈표 3-3〉 프로그램 기획 단계별 주요 과업

기획단계	주요 과업	핵심 구성내용
문제 분석 및 욕구 사정	·사회문제 분석 ·욕구 사정	·어떤 문제가 존재하는가? 문제의 본질과 원인은 무엇인가? 문제는 얼마나 심각하고 광범위한가? 누가 이 문제로 고통받고 있는가? ·문제 분석을 위해 다양한 출처로부터 정보 수집 ·지역사회 관찰, 주요 정보 제공자 면담, 공청회 등을 통해 현장의 목소리 청취 ·잠재적 클라이언트의 욕구 직접 조사
목적과 목표 설정	·목적과 목표 설정 ·산출목표와 성과목표 설정 ·프로그램 참여자 선정	·효과적인 목표 설정을 위해 SMART 원칙을 따름 ·누구를 위한 프로그램인가? 대상자의 규모는 얼마나 되는가? 대상자의 특성은 무엇인가?
개입 전략 구성 (프로그램 설계)	·프로그램 개입 전략 및 사업 내용 ·프로그램 자원투입 계획(인력과 자원, 예산 편성)	·목표를 달성하기 위해 구체적으로 무엇을 할 것인지 상세히 계획 ·개입 방법 선택(상담, 사례관리, 교육훈련, 지역사회조직 등) ·각 활동 내용을 구체적으로 기술 ·프로그램 빈도수 결정(몇 회기, 몇 주간 등) ·활동의 순서와 연계성 검토 ·프로그램 운영 필요 인력 파악/역할 배분. 누가 무엇을 할 것인가에 대한 명확한 계획 필요 ·프로그램에 필요한 자원과 재정 자원 파악/확보 방안 마련 ·시설과 공간 계획 수립 ·프로그램을 언제, 어떤 순서로 진행할 것인지 시간 계획 수립
프로그램 실행 및 관리	·프로그램 실행관리 ·기록관리 및 정보관리 ·프로그램 모니터링 ·프로그램 마케팅 및 서비스 질 관리	·프로그램 계속적 관리 ·계획대로 진행되는지 점검 ·예상치 못한 상황 발생 시 합리적인 조치방안 마련
평가	·양적평가와 질적평가 ·과정평가와 성과평가 ·결과 환류	·평가 지표 설정하기 ·측정 도구와 방법 선택하기 ·자료 수집 시점과 빈도 정하기 ·자료 분석 방법 사전 결정

출처: 박용권(2025). 재구성

프로그램 기획 과정은 학자들이 설명한 각 기획 단계가 직선적인 관계이기보다는 서로 밀접하게 연결되어 반복되는 순환과정임을 학자들의 개념 설명으로 이해할 수 있으며, 각 단계에서도 서로 영향을 주고받는 상호작용적 관계임을 알 수 있다.

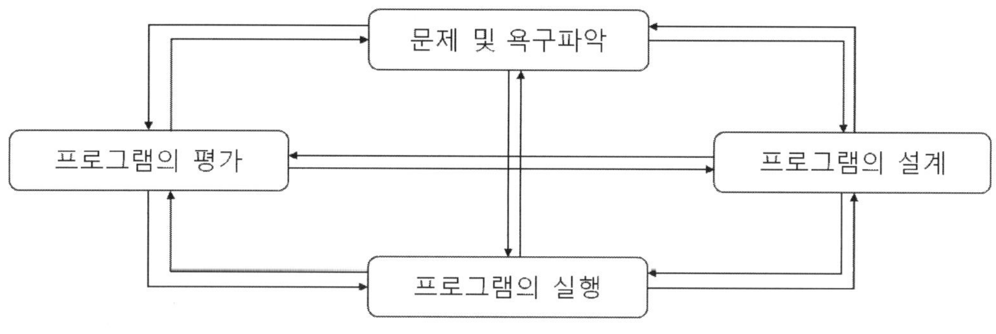

<그림 3-1> 프로그램 기획의 순화성

출처: 박용권(2025).

6. 프로그램 기획 과정에 필요한 의사결정

프로그램 기획은 기본직으로 의사결징의 과정이다. 기획은 미래의 불확실성에 대비하여 목표를 설정하고 이를 달성하기 위한 최적의 경로를 탐색하는 과정이며, 모든 단계에서 끊임없이 의사결정이 요구된다(박용권, 2025).

1) 프로그램 기획 과정에서 의사결정의 위치

의사결정은 프로그램 기획 과정 전반에 걸쳐 지속적으로 이루어진다.

(1) 문제 정의 및 욕구 사정 단계

- 어떤 문제를 우선적으로 다룰 것인가?
- 어떤 집단을 주요 대상으로 할 것인가?
- 어떤 방법(설문조사, FGI, 문헌 연구 등)으로 욕구를 파악할 것인가?

(2) 목표 설정 단계

- 프로그램을 통해 궁극적으로 달성하고자 하는 바는 무엇인가?
- 구체적이고 측정가능한 하위목표는 무엇으로 할 것인가?
- 목표 달성 수준은 어느 정도로 설정할 것인가?

(3) 프로그램 내용 및 전략 설계 단계

- 설정된 목표를 달성하기 위하 가장 효과적이고 효율적인 활동(개입방법)은 무엇인가?
- 활동 대안들 중 어떤 것을 선택하고 조합할 것인가?
- 프로그램의 구체적인 실행 절차는 어떻게 구성할 것인가?

(4) 자원 동원 및 예산 수립 단계

- 필요한 인적, 물적 자원은 무엇이며 어떻게 확보할 것인가?
- 각 활동에 예산을 어떻게 배분할 것인가?(우선순위 결정)
- 외부 지원금이나 후원을 어디에, 어떻게 요청할 것인가?

(5) 평가 계획 수립 단계

- 무엇을 평가할 것인가?(과정, 성과, 영향 등)
- 어떤 지표를 사용하여 평가할 것인가?
- 언제, 어떤 방법으로 평가를 수행할 것인가?

2) 프로그램 기획과 의사결정

프로그램 기획 과정에서는 상황의 복잡성, 정보의 가용성, 시간 제약, 참여자의 특성 등에 따라 다음의 의사결정 모델이 활용될 수 있다(황성철, 2005).

(1) 합리 모형(rational model)

가장 이상적인 모델로서, 의사결정자는 문제를 명확히 정의하고, 가능한 모든 대안을 탐색·비교한 후 목표 달성에 가장 효율적인 최적의 대안을 선택한다고 가정하는 모형이다. 체계적이고 논리적인 의사결정이 가능하며, 주요 목표 설정이나 핵심 전략 선택 등 중요한 의사결정에 적용될 수 있으나, 현실적인 제약(정보 부족, 시간 제약, 인지능력 한계)으로 인해 완벽하게 적용하기에는 어렵다는 한계가 있다.

(2) 제한된 합리성 모형(bounded rationality model, 만족모형)

제한된 정보와 시간, 인지능력 속에서 '최적'이 아닌 '충분히 만족할 만한 대안을 선택하는 의사결정 모형이다. 현실적인 프로그램 기획 과정에서 빈번하게 나타나는 의사결정 방식으로, 신속한 결정이 필요하거나 정보가 제한적일 때 적용된다.

(3) 점증 모형(incremental model)

기존 정책이나 프로그램을 기준으로 소폭의 수정과 조정을 반복하며 점진적으로 의사결정을 내리는 모형이다. 현실적이고 정치적인 제약을 고려하며, 급격한 변화보다는 점진적인 개선을 추구하는 경향이 있다.

(4) 혼합탐색 모형(Mixed Scanning Model)

합리모형과 점증모형을 절충한 모델이며, 장기적·근본적 방향은 합리적으로 검토하되, 단기적·실무적 결정은 점증적으로 접근하는 절충적 의사결정 모형이다.

프로그램의 전략적 판단과 현실성 있는 세부 활동 계획을 동시에 고려해야 하는 복잡한 기획 상황에 적합할 수 있다.

(5) 쓰레기통 모형(garbage can model)

조직화된 무정부 상태와 같은 매우 불확실하고 복잡한 상황에서의 의사결정을 설명한다. 문제, 해결책, 참여자, 선택 기회가 무질서하게 결합되면서 우연적으로(쓰레기통) 의사결정이 이루어진다는 모형으로 조직의 혼란성과 비합리성을 강조한다. 조직 내 실제 기획 과정이 매우 유동적이거나, 목표가 불분명하고, 참여자가 수시로 바뀌는 혼란스러운 상황에서의 의사결정 양상을 이해하는데 도움이 될 수 있다.

7. 사회복지 프로그램 아이디어 창출

사회복지프로그램 기획은 예술이자 과학이다. 과학적 측면에서는 체계적인 자료 수집, 논리적 분석, 객관적 평가를 요구하며, 예술적 측면에서는 창의성, 직관, 맥락에 대한 민감성을 필요로 한다. 우수한 기획자는 이 두 측면을 균형 있게 통합하여 현실적이면서도 혁신적인 프로그램을 설계할 수 있어야 한다.
사회복지 분야에서 기획은 단순히 활동 계획을 수립하는 것을 넘어서, 클라이언트의 욕구와 사회문제를 분석하고 이에 대응하는 최선의 해결책을 모색하는 지적이고 창조적인 활동이기에 사회복지사의 주요 직무이다. 따라서 이런 기획에 대해 많은 사회복지사들은 부담을 갖고 있다.

1) 창의 기획을 위해서 생각할 것

기획이란 두 글자는 ㄱ으로 시작해서 ㄱ으로 끝난다. 낫 놓고 ㄱ자도 모르는 것은 곧 기획을 모른다는 것이다. 그만큼 기획은 기본의 중요하다. 여기서 주목할 부분은 기획의 '쇼(기)'가 '사람 인(人+止인)'으로 시작된다는 것이다. 즉 기획의 ㄱ은 '인간'이라는 것이다.

기획의 목적도, 기획의 주체도,기획의 객체도, 기획의 내용도 기획의 원리도 모두 '인간'이다. 기획은 사람의, 사람에 의한, 사람을 위한 아날로그 습작이라고 할 수 있다.

요즘을 가리켜 '사색'은 없고 '검색'만 있는 시대라고 한다. 주변의 기획자들을 둘러보자. 컴퓨터 앞에 앉아 진지하게 '검색'만 하고 있다. '검색된 정보'는 정해진 프로세스에 '정확하게 '대입된다. 생각할 틈도 생각할 필요도 없다. '정보'는 '프로세스'를 타고 '기계적'으로 흘러간다. 익숙해 지면 매우 쉽고 편한 것이다. 이런 기획을 전문용어로(?)'틀에 박힌 기획'이라고 한다. 이것이 일반적인 기획의 방식이다. 그래서 우리는 '기획'을 공부해야 한다. 기획은 기본이 중요하다. 현상보다는 본질을, 원칙보다는 원리를, 기교보다는 기본을 담기 위해 노력해야 한다(남충권, 2016).

2) 사회복지프로그램 창의성의 중요성

사회복지프로그램 기획(social welfare program planning)은 클라이언트의 욕구와 사회문제를 해결하기 위해 체계적이고 합리적인 접근 방법을 통해 개입 방안을 설계하고 실행 계획을 수립하는 전문적 과정이다. 이는 단순히 활동을 나열하는 것이 아니라, 문제의 본질을 파악하고 변화를 위한 논리적 경로를 구축하는 지적이고 창조적인 작업이라 할 수 있다. 따라서 사회복지프로그램의 기획 과정에서 창의성은 혁신적이고 효과적인 아이디어 방법을 도출하는데 있어 중요한 역할을 하며 그 핵심적인 요소를 살펴보면 다음과 같다(Patti,1983, Netting 외, 2016, 박용권, 2025. 재인용).

(1) 프로그램 아이디어 도출과 문제 정의 단계에서 창의성은 핵심이다.

문제를 새롭게 바라보고, 기존에 다루지 않았던 영역을 발견하는 것이다. 이때 사회적 욕구와 자원 간의 연계 가능성을 탐색한다. 창의적 사고는 고정 관념에서 벗어나 다양한 가능성을 열어주며, 혁신적인 프로그램 기획의 출발점이 된다.

(2) 목표 설정과 전략수립 과정에서도 창의성은 중요하다.

프로그램 목표는 클라이언트와 지역사회의 특성과 변화된 욕구를 반영해 새롭게 정의되어야 한다. 또한 제한된 자원과 현실적 제약 속에서 이를 실현하기 위한 전략은 창의적인 방식으로 구성되어야 한다.

(3) 실행계획 수립 과정에서도 창의성은 자원의 효율적 활용과 파트너십 전략 개발에 결정적 역할을 한다.

사회복지 조직은 자원이 한정된 상황에서 운영되므로. 창의적 접근을 통해 외부 자원을 확보하거나 협력 네트워크를 구축할 수 있는 전략이 필요하다.

(4) 평가와 지속적 개선 과정에서도 창의성은 필수적이다.

평가는 단순한 결과 확인이 아니라 프로그램 개선을 위한 피드백을 제공하는 과정이다. 창의적 평가는 전통적인 양적 방법 외에도 질적 평가나 참여적 평가를 활용함으로써, 프로그램의 효과성을 더 정교하게 파악할 수 있다.

이처럼 사회복지 프로그램 창의성은 프로그램의 기획 단계에서 설명하는 구성요소와 연계하여 발휘된다고 볼 수 있다. 이에 사회복지사나 프로그램 기획자는 창의적 역량을 지속적으로 개발하고, 이를 실천에 통합할 수 있는 환경과 문화를 조성해 나가야 한다.

한편, Munson과 Pelz는 창의성 발현 수준을 독창적 창의성, 적용적 개발, 차용적 개발로 크게 세 가지로 유형화하고 있다. 이 중에서 사회복지 실천 현장에서는 주로 차용적 방법이 활용되고 있다.

〈표 3-4〉 창의성 개발 유형

구 분	개 념
독창적 창의성	기존 개념이나 아이디어를 넘어서는 참신하고 독특한 아이디어나 접근방식 예) 1인가구 증가에 따른 사회적 고립, 인공지능과 연계한 장애인 및 노인프로그램
적용적 차용성	기존 아이디어나 기술을 새로운 맥락이나 상황에 맞게 수정, 응용해 창의적으로 활용. 즉, 기존틀안에서 변화를 시도하여 효율적이고 적절한 방법으로 개선시키는 능력 예) 발달장애인 신체활동 프로그램→신체·문화·스포츠 프로그램으로 확대 운영
차용적 창의성	·기존 존재하는 아이디어나 방식을 최소한의 수정만으로 다른 상황에 그대로 차용하여 사용하는 것을 의미 ·기존 아이디어를 활용하여 신속하고 효율적으로 성과를 창출할 수 있다는 점에서 실무적으로 매우 유용함 ·수정없이 그대로 차용해서 사용하기 때문에 채택, 보다 넓은 관점에서 전파

출처: 이민홍 외(2024), 박용권(2025), 재구성.

또한 프로그램 개발을 위한 기관입장과 사회복지 영역의 입장으로 구분하여 접근할 수도 있다. 이는 기관 입장에서 프로그램을 개발하는 창의성 수준과 사회복지 영역에서 새로운 문제 및 욕구에 대응하는 수준을 두 축으로 해서 분류하는 것이다.

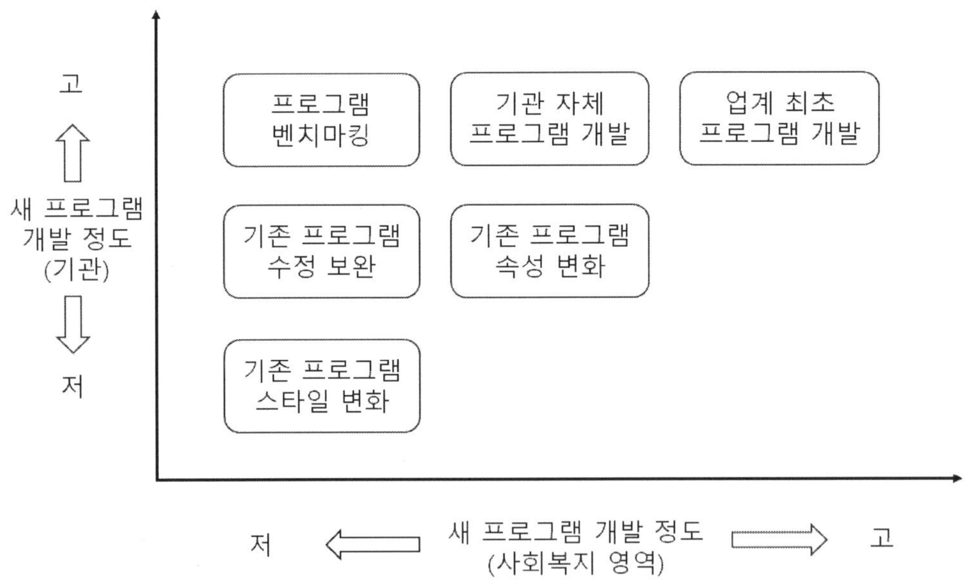

<그림 3-2> 사회복지영역 및 기관 matrix 프로그램 개발유형 모형

출처: 이민홍 외(2024)

구체적으로 기관/사회복지영역 matrix에 의한 프로그램 개발 유형별로 다음과 같이 설명할 수 있다(이금룡 외, 2009).

- 기존 프로그램 스타일 변화 : 기관 내에서 기존에 실행하고 있는 프로그램 사업명이나 부제 등 미미한 변화
- 기존 프로그램 수정·보완 : 기관 내 기존 프로그램의 내용은 변화시키지 않은 상태에서 기간(시간), 참여자, 제공 장소 등 변화
- 프로그램 벤치마킹 : 타 기관이나 타 영역에서 실행하고 있는 프로그램을 벤치마킹하여 기관에서 활용
- 기존 프로그램 속성 변화 : 기관에서 수행하고 있는 기존 프로그램 활동 내용 변화
- 기관 자체 프로그램 개발 : 기관 자체적으로 프로그램을 개발하는 것이지만, 타 기관에서 실시하고 있는 프로그램과 차별화되지 못한 경우
- 업계 최초 프로그램 개발 : 기관 자체적으로 개발한 프로그램으로서 타 기관에서 실시하고 있는 프로그램과 확연히 차별화된 경우

3) 프로그램 아이디어는 어디에서 나올까?

사회복지 프로그램 기획에서 아이디어 창출은 프로그램이 왜 필요한지에 대한 필요성은 물론 방향성을 설정하는 출발점이다. 프로그램 아이디어는 단순한 창안의 결과일 수도 있으나, 사회적 욕구, 제도적 변화, 정책 환경, 실천 현장의 경험, 연구 및 이론, 이해관계자의 제안 등 다양한 원천에서 비롯된다(박용권, 2025).

(1) 사회문제와 욕구에 대한 분석

사회복지 프로그램의 기획은 사회문제 해결과 클라이언트의 욕구 충족이 출발이다. 이에 사회적 변화와 문제에 대한 분석이 가장 기초적인 아이디어의 원천이라 할 수 있다. 예를 들면 급격한 고령화, 1인 가구 증가, 사이버 폭력 등은 프로그램의 출발점이 될 수 있다.

(2) 정책 변화 및 제도 개혁

정부의 정책 방향이나 제도 개편은 새로운 프로그램 기획의 직접적 계기가 된다. 예를 들어 장애인복지법 개정, 아동 학대 예방을 위한 입법 강화 등은 새로운 프로그램 개발 또는 기존 프로그램의 재설계를 요구한다.

(3) 기존 프로그램 평가 결과

진행하고 있는 프로그램 평가 결과는 새로운 프로그램 아이디어의 중요한 출발점이 된다. 평가 결과가 긍정적이면 프로그램의 확산을 통해서, 반면 효과성이나 효율적이지 못한 부분은 수정 보완할 수 있으며, 서비스의 만족도에 대한 결과를 토대로 프로그램을 보완하거나 대체할 수도 있다.

(4) 전문가 및 실천가 경험

사회복지 실천현장의 경험은 실제 수요자와의 관계를 통해 나오는 아이디어로, 실현 가능성이 높은 장점이 있다. 사회복지사, 기관 운영자 등의 현장경험은 문제의 본질을 정확히 파악하고, 서비스 전달 과정의 비효율성 등을 개선하기 위한 실천적 아이디어로 전환될 수 있다.

(5) 이해관계자 및 클라이언트의 참여

서비스의 대상자인 클라이언트나 지역사회 구성원들의 의견은 프로그램 기획의 정당성과 타당성을 높이는 데 도움이 된다. 수요자의 참여는 설문조사, 커뮤니티 포럼, 워크샵, 자문위원회 구성 등 다양한 경로를 통해 확보할 수 있다.

(6) 연구 결과 및 이론

학문 분야에서 축적된 연구는 아이디어의 이론적 기반을 제공한다. 예를 들어 회복탄력성, 트라우마 인식 접근법, 긍정적 행동지원 등의 이론적 프레임은 프로그램 개발에 있어 구체적 방향성을 제공한다. 또한 근거기반 실천의 확산은 연구 결과를 기획 과정에 반영하는 경향을 더욱 강화시키고 있다.

(7) 타 지역 및 해외 사례

유사한 문제를 해결하기 위해서 다른 지역이나 국가에서 시행된 프로그램의 사례는 벤치마킹의 대상이 된다. 이런 사례들이 국내 여건에 맞게 조정되거나 변형함으로써 새로운 프로그램으로 발전될 수 있다.

(8) 기술과 혁신

정보통신기술의 발달은 새로운 프로그램 아이디어의 기획을 제공한다. 예를 들어, COVID19 이후 모바일 앱 기반의 프로그램, 인공지능을 활용한 복지 사각지대 탐지 시스템, 온라인 심리 상담 서비스 등은 전통적 사회복지 프로그램의 경계를 확장시켰다. 기술은 특히 접근성과 비효율성 측면에서 새로운 가능성을 제공한다.

(9) 창의적 발상 연습

기존의 틀에서 벗어나 새롭고 혁신적인 아이디어를 얻는 과정이다. 주로 브레인스토밍이나 브레인라이팅을 활용하고 있다. 새로운 아이디어를 얻는 방식은 사회복지기관마다 다양하게 적용한다. 예를들어 프로그램 TF팀을 통한 워크샵, 토론, 직원 대상 자체 공모사업 등이 있으며, 외부 이해관계자를 대상으로 아이디어를 발굴하기도 한다.

4) 프로그램 아이디어 설정 방법

사회복지 프로그램 기획을 위한 아이디어는 다양한 체계로부터 확보할 수 있다. 이민홍 등(2024)은 구체적인 프로그램 아이디어 설정 기술에 대해 다음과 같이 제시하고 있다.

〈표 3-5〉 프로그램 아이디어 설정 기술

설정기술	내 용
설문조사(욕구조사)	설문조사, 온라인 설문조사
관찰	클라이언트, 표적 체계에 관한 체계적인 관찰(예:직접관찰, 사례관리기록)
개인 및 집단면접	개별 클라이언트 면접, 클라이언트 집단 면접, 프로그램 이용자 간담회 등
사회지표	정부, 교육기관, 연구기관, 사회서비스 기관 등 기관이 생성한 사회지표
대화	사회복지 실무자, 자원봉사자, 외부 전문가, 클라이언트, 클라이언트 가족 및 친구, 지역사회 주민 등(예:간담회 등)
문서분석	프로그램보고서, 프로그램 사례집, 웹사이트, 정책 및 사업 매뉴얼, 성과평가 보고서, 회의록, 분기·반기·연간보고서, 조사 및 평가연구, 서적, 학회지, 규정, 법규, O2O(Online to Offline)자료

또한 사회지표나 각종 보고서 등 2차 자료는 정보검색 기법을 활용하여 보다 효율적으로 수집할 수 있다. 주요 방법은 다음과 같다.

(1) 포털 사이트 활용

구글 등 포털에서 정보 제공기관 및 1차 검색하고, 이후 학교 도서관 및 국회 도서관, 전문 자료 사이트(RISS 등)로 범위를 확장하는 방식이다.

(2) 사회복지 관련 자료실 활용

분야별 사회복지단체 자료실, 사회복지공동모금회, 한국사회복지사협회, 보건사회연구원 등을 탐색할 수 있다.

(3) 공공기관 정보 제공 사이트 확인

보건복지부, 통계청, 여성가족부, 통일부 등 복지,교육, 보건, 의료 관련 중앙부처는 물론, 서울시 등 지자체 통계 관련 자료도 검색할 수 있다.

(4) 기업 사회공헌 재단의 홈페이지 자료실이나 한국경제인협회를 활용할 수도 있다.

(5) 챗GPT와 같은 생성형 AI 활용이다. 주요 개념 정리, 자료 요약, 검색키워드 추천 등에 효과적으로 사용할 수 있다.

제3부.

사회복지 프로그램 개발과정(기획에서 평가까지)

제4장. 사회문제와 욕구 파악하기

사회복지 프로그램은 특정 대상의 욕구를 충족시키거나 문제를 해결하기 위한 개입 활동의 체계이다. 따라서 사회문제 분석과 욕구 사정은 모든 사회복지 프로그램 개발의 출발점이 된다. 프로그램 개발 과정에서 가장 먼저 수행되어야 하는 단계가 바로 해결하고자 하는 사회문제를 명확히 파악하고, 대상 집단의 욕구를 정확히 사정하는 것이다. 이러한 과정 없이 진행되는 프로그램은 실제 현장의 필요와 괴리될 수밖에 없으며, 결과적으로 자원의 낭비와 클라이언트의 실망으로 이어질 수 있다.

사회문제 분석과 욕구 사정은 긴밀하게 연결되어 있다. 사회문제 분석을 통해 문제의 전반적 구조와 원인을 이해한 후, 욕구 사정을 통해 구체적이고 실질적인 프로그램 개입 필요성을 도출하는 방식으로 연계된다(박용권, 2025). 따라서 교재에서 이 내용을 다룸으로써 학습자들이 프로그램 개발의 논리적 순서와 체계를 이해할 수 있도록 한다.

1. 사회문제 개념

사회복지 프로그램 기획은 사회문제 인식과 분석에서 출발한다. 사회문제란 상당수의 사람들이 바람직하지 않다고 판단하여 집합적 노력을 통해 해결해야 한다고 인식하는 사회적 조건을 의미한다. 사회문제는 단순히 개인의 문제가 아니라 사회구조적 요인에 의해 발생하며, 사회 전체의 복지와 발전에 영향을 미치는 특성을 지닌다. 사회문제가 성립되기 위해서는 몇 가지 조건이 충족되어야 한다(Zastrow, 2017. 박용권, 2025. 재인용).

- 사회적 가치와의 괴리 : 해당 현상이 평등·정의·인권 등 사회적 가치나 규범에 위배되는가?
- 다수에 대한 부정적 영향 : 문제의 영향이 광범위하고 심각한가?
- 사회적 원인 : 개인보다 사회구조적 요인에 기인하는가?
- 개선 가능성 : 집단적 노력이나 정책 개입을 통해 해결 가능하다고 여겨지는가?
- 사회적 관심과 해결 요구 : 사회적 관심과 행동 요구가 존재하는가?

사회문제에 대한 정의는 이론적 관점에 따라 다양하다(박용권, 2025. 재구성).

〈표 4-1〉 사회문제 정의

학 자	개 념
Merton & Nisbet(1961)	·사회의 규범이나 가치에서 이탈한 상태 ·사회적으로 공유된 기준에서 벗어나 사회질서를 해치는 행위나 상태를 문제로 규정
Blumer(1971)	·문제를 객관적 조건보다 사회적 정의의 결과로 봄 ·특정 조건이 문제로 인식되고 공론화되어 집단적 대응의 대상으로 규정될 때 사회문제가 된다고 주장
Spector & Kitsuse(1977)	·사회문제를 '문제 제기 활동(claims-makings activities)'의 결과로 봄 ·문제의 실체보다는 그것을 주장하고 정의하는 집단의 사회적 활동에 주목
김영종(2013)	·'사람이나 환경의 조건이 바람직하지 않은 것으로 규정한 상태' ·객관적 조건과 함께 사회적 확인과정의 중요성을 강조하며, 객관성과 주관성의 조화를 중시함

출처: 박용권(2025).

2. 사회문제 특성

사회문제는 다음과 같은 특성을 지니고 있다. 첫째, 보편성과 특수성을 동시에 가진다. 빈곤, 질병, 범죄와 같은 문제는 대부분의 사회에서 나타나지만, 각 사회의 문화적, 역사적 맥락에 따라 다른 양상으로 나타난다. 둘째, 상대성을 지닌다. 어떤 현상이 사회문제로 인식되는가는 시대와 장소, 그리고 사회적 가치에 따라 달라진다. 예를 들어 과거에는 문제로 인식되지 않았던 환경오염이나 성차별이 현재는 중요한 사회문제로 다뤄지고 있다. 셋째, 연쇄성을 가진다. 하나의 사회문제는 다른 여러 문제들과 연결되어 있으며, 한 문제의 해결이 다른 문제에 영향을 미칠 수 있다. 예를 들어 실업문제는 가족해체, 청소년 비행, 정신건강 문제 등과 밀접하게 연관되어 있다. 넷째, 지속성을 지닌다. 대부분의 사회문제는 단기간에 해결되기 어려우며, 장기적이고 지속적인 개입이 필요하다.

3. 사회문제 분석의 틀

사회문제는 다양한 차원의 특성을 가지므로, 이를 체계적으로 이해하기 위해서는 개념적 분석틀이 필요하다. 이러한 분석 과정에서 프로그램 기획자는 질문과 답을 통해 왜? 이 사업을 기획하는지에 대한 정당성을 확보할 수 있고, 이를 구체적으로 프로그램의 필요성을 통해 제시할 수 있다. 여기서는 York(1982)가 사회문제를 분석하기 위해 질문한 내용을 살펴보고자 한다(박용권, 2025).

1) 사람들에게 바람직하지 못한 상황과 조건은 무엇인가?

사회문제로 인식되는 구체적인 부정적인 현상이나 상태가 무엇인지 명확히 정의하는 것이며, 무엇이 왜 문제인지 그 실체를 파악하는 단계이다. 예를 들어 빈곤, 실업, 노인 차별, 이혼 아동학대, 성차별, 사회적 소외 등의 문제들이 사회문제로 접근할 만큼 지역사회에 만연하고 있다는 사실을 확인하고 문제의 개념을 명확히 정의해야 한다.

2) 누가 그 문제로 고통받고 있는가?

해당 사회문제로 인해 직접적인 피해를 입거나 불이익을 겪는 개인, 집단, 지역사회를 파악함으로써 사회문제로 영향을 받는 대상을 구체화할 수 있다. 예를 들어 아동방임의 사회문제는 그 문제로부터 고통을 받는 것은 아동이지만 세부적으로 기술하면, 저소득 가정의 아동, 한부모 가정의 아동, 다문화 아동 등이 상대적으로 더 위험에 노출될 가능성이 높다는 것을 분석해야 한다.

3) 누가 그 문제로 이득을 얻는가?

문제가 존재하거나 지속됨으로써 경제적·정치적·사회적으로 이익을 얻는 집단이나 개인을 분석하여 사회문제의 제거를 위한 노력을 회피하는 사람과 집단을 규정하는 것이다. 사회문제는 그 문제로부터 고통을 받는 집단이 있는 반면에, 그 문제로 인해서 이득을 보는 사람과 집단도 있다.

4) 누가 그것을 사회문제로 규정하는가? / 규정하지 않는가?

이 질문은 상황의 해결을 누가 지지하고 누가 반대하는가이다. 어떤 집단이나 개인이 해당 상황을 사회 전체가 관심을 가져야 할 '문제'라고 주장하고 공론화하는지 밝히는 문제 정의의 주체를 확인해야 한다. 반면 문제의 당사자와 상관없이 외부 전문가나 일반인이 사회문제로 규정하는지도 확인해야 한다.

5) 누가 그것을 사회문제로 규정하지 않는가?

문제의 당사자와 상관없이 외부 전문가나 일반인이 사회문제로 규정하는 경우도 있다. 따라서 문제를 갖는 당사자는 그 문제를 사회문제로 보지 않는 경우도 있다.

6) 문제의 원인이 무엇인가?

문제가 발생하게 된 근본적인 배경과 구조적, 개인적, 역사적 요인 등 기여요인을 분석하여 이에 따른 개입 방법을 고려해야 한다.

7) 그 문제를 다루는 현재의 프로그램은 무엇인가?

이 질문은 현재 구상하는 프로그램이 현존하는 프로그램과에 대해 확인하고 대응 노력을 평가하여 해결 방안의 보완점을 파악한다.

8) 이 프로그램들을 중단함으로써 예상되는 결과는 무엇인가?

현재의 프로그램을 중단했을 경우 발생할 수 있는 부정적 영향이나 문제 악화 가능성을 예측하는 것이다. 이는 주로 프로그램을 평가할 때 사용되는 기준이며, 프로그램이 중단되었을 경우에 대한 대안들을 프로그램이 시행되기 전에 미리 비교·평가해 보는 것은 프로그램의 지속성을 위해서도 중요한 문제이다.

9) 사회 변화의 목표는 무엇이며, 얼마만큼의 사회문제를 해결하려고 하는가?

사회의 어떤 측면이 얼마나 변화되어야 그 문제가 해결되었다고 볼 수 있는

지에 관한 질문이다. 즉 문제 해결을 통해 달성하고자 하는 구체적인 상태는 무엇이며, 변화의 방향성과 목표 수준을 명확히 설정하는 것이다.

10) 욕구와 자원 간 격차를 줄이는 데 찬성/반대하는 사람은 누구인가?

이 질문은 앞의 질문들, 누가 문제로 고통을 받고, 이득을 보며. 누가 문제로 규정하지 않으며, 누가 문제해결에 부정적 태도를 보이는 지 등 사회문제 해결과정에서 지지하거나 방해하는 세력을 파악하는 종합적인 질문이다.

4. 사회복지 프로그램 기획 분석 틀 생각해 보기

문제를 인식하는 가장 중요한 질문은 '왜'(WHY)이다. 이것은 경험하거나 인식하는 것을 객관적으로 의심하는 사고의 과정이기 때문이다. 우리는 '왜' 문제로 인식하는지, 클라이언트는 '왜' 그런 행동을 하는지 등 우리가 경험하는 현상에 대한 관찰 그리고 의문을 통하여 상상의 나래를 펴야 한다. 그리고 '왜'라는 질문의 답을 사회문제 분석을 통해 확인했다면, '누구에게'(Whom) 라는 구체적인 대상을, 그리고 '무엇을'(What)을 위해 명확한 목적과 목표를 수립하고 '어떻게'(How)를 통해 구체적인 프로그램을 설계할 수 있어야 한다. 이러한 사회복직 프로그램 기획에서의 구체적인 문제분석 과정을 조성우 외(2021)와 박용권(2025)이 제시한 내용을 살펴보면 다음과 같다.

1) 문제의 정의 : 문제는 관찰 가능한 상태나 사건으로 정의되어야 한다.

문제 정의는 프로그램의 전체 방향을 좌우하는 기초 작업이다. 이 단계에서는 문제를 추상적 개념이 아니라 실제로 확인할 수 있고 측정 가능한 상태로 구체화해야 한다. 예컨대 '청소년 문제'나 '일탈'과 같은 포괄적 표현보다는, 학교폭력 발생, 장기 결석 비율 증가, 자살 시도 사례와 같이 구체적 현상으로 제시하는 것이 바람직하다. 이러한 방식은 문제의 심각성은 물론, 개입의 필요성과 정당성을 설명하는 근거가 된다.

2) 문제의 원인 : 인과적 원인분석은 프로그램의 개입전략 설계를 위한 기초이다.

문제의 원인을 분석하는 것은 프로그램이 어디에, 어떤 방식으로 개입해야 하는지를 결정하는 논리적 기초가 된다. 원인분석을 통해 프로그램이 어디에, 어떻게 개입할 것인지를 명확히 할 수 있다. 문제의 원인은 크게 구조적 요인과 개인적 요인으로 구분할 수 있다.

• 구조적 요인 : 빈곤, 제도적 차별, 주거환경 열악, 고용 기회 부족 등
• 개인적 요인 : 정신건강 문제, 가정 내 갈등, 교육 수준 부족 등

3) 문제의 범위와 규모 : 자원의 우선순위 설정과 서비스 대상을 명확히 해 준다.

문제가 얼마나 널리 발생하고 있으며, 어느 정도의 인구에게 영향을 미치는지를 분석하는 과정이다. 이 단계에서는 인구통계자료, 실태조사 결과, 기존 연구 등 객관적인 데이터를 활용한다.

사회문제의 범위와 규모를 분석하는 것은 자원의 배분과 프로그램의 우선순위를 결정하는 데 필수적이다. 문제의 규모를 수치로 제시하는 것은 프로그램의 우선순위를 결정하고 자원을 합리적으로 배분하는 데 중요한 기준이 된다. 주요 분석 요소는 다음과 같다.

• 발생 빈도(incidence) : 새롭게 발생한 사례 수
• 유병률(prevlance) : 특정 시점에 존재하는 사례 수
• 추세(trend) : 시간이 지남에 따른 증감 변화
• 집중도(concentration) : 특정 집단. 지역에 문제 발생이 집중되는 정도

예를 들어 청소년 비행 문제를 다루는 경우, 단순히 '청소년 자살이 심각하다'는 주장보다는 최근 5년간 연도별 발생률 변화, 인구 1,000명당 발생률, 특정 지역 또는 특정 사회경제적 계층에서의 집중도를 통계자료를 통해 제시하는 것이 필요하다.

4) 문제의 영향 : 사회적 개입의 정당성과 시급성을 강조하는 데 사용된다.

문제의 영향 분석은 해당 문제가 개인과 가족, 지역사회에 어떤 결과를 초래하는지를 살펴보는 단계이다. 영향은 경제적 비용 증가, 개인과 가족의 심리적 고통, 지역사회의 불안정 등 다양한 차원에서 나타날 수 있다. 이러한 분석은

문제 해결이 왜 필요한지, 그리고 왜 지금 개입해야 하는지를 설명하는 데 중요한 역할을 한다. 예컨대 고독사의 증가는 개인의 문제가 아니라 지역사회 돌봄 체계의 취약성을 드러내는 신호로 이해될 수 있다.

5) 현재 대응 노력 : 새로운 기획의 필요성과 방향성을 제시한다.

이미 시행되고 있는 정책이나 서비스가 무엇인지, 그리고 그 효과와 한계는 무엇인지를 검토하는 단계이다. 정부 정책, 민간기관의 서비스, 지역사회 차원의 프로그램 등을 종합적으로 살펴보며, 중복 제공 여부나 접근성 문제, 이용자의 만족도 등을 함께 분석한다. 이를 통해 기존 대응이 충분하지 않은 영역을 확인하고, 새로운 프로그램이 갖추어야 할 차별성과 보완 방향을 도출할 수 있다.

6) 개입 가능성과 우선순위 : 변화가능성은 우선순위 판단 기준 중 하나이다.

문제 해결을 위한 개입이 실제로 가능한지, 그리고 다른 문제들과 비교했을 때 어느 정도의 우선순위를 갖는지를 판단하는 항목이다. 개입 가능성은 변화가능성, 정책적 수용성, 지역사회의 수요, 기관의 역량, 이용 가능한 자원 등을 종합적으로 고려해 판단한다. 우선순위 설정은 제한된 자원 속에서 가장 시급하고 파급 효과가 큰 문제를 선택하기 위한 필수 과정이다.

이와 같은 문제분석 틀은 문제 정의에서부터 개입 전략 수립에 이르기까지 프로그램 기획 전 과정을 논리적으로 연결해 준다. 사회복지 프로그램 기획자는 이 틀을 활용하여 문제의 본질을 구조적으로 이해하고, 객관적 자료에 근거한 효과적이고 지속가능한 개입 전략을 설계할 수 있어야 한다.

5. 사회문제 분석에 활용할 수 있는 방법

사회복지 프로그램 기획의 가장 우선순위인 사회문제 분석을 통해 성공적인 사업을 만들기 위해서는 관련된 다양한 정보들을 정확하게 수집하고 분석하여 실천 체계에 반영하여야 한다. 이러한 구체적인 활용기법을 살펴보면 다음과 같다(박용권. 2025).

〈표 4-2〉 사회문제 분석에 활용할 수 있는 방법

문헌 연구	문제 관련 학술논문, 서적, 연구보고서, 정책자료, 언론 기사 등을 검토하여 문제의 정의, 현황, 원인과 결과, 기존 개입 방법 등에 대한 이론적·경험적 지식을 습득하는 사장 기본적인 방법
기존 통계자료분석	인구주택총조사, 사회조사, 보건복지부, 고용노동부 등 공식 통계자료, 또는 관련 연구기관의 패널 데이터 등을 활용하여 문제의 규모, 추세,분포, 관련 요인 등을 객관적으로 파악
서베이 조사	구조화된 설문지를 이용하여 특정 인구집단(표적집단, 일반인구 등)을 대상으로 문제에 대한 인식, 경험, 태도, 관련 행동, 서비스 욕구 등에 대한 정보를 수집하고 분석
면접 조사	·심층면접 : 문제 당사자, 가족, 관련 전문가 등을 대상으로 심층 대화를 통해 문제 경험의 과정, 주관적 의미, 숨겨진 원인이나 영향 등에 대한 깊이 있는 정보를 얻는 방법 ·초점집단면접 : 특정 주제에 대하여 소수의 전문가(6-12명)를 집단으로 구성항하여, 자유롭게 의견을 교환하고 상호작용하는 과정을 통해 자료를 얻는 방법
지역사회포럼	지역주민, 이해관계자, 전문가 등이 공개적인 장소에 모여 자유롭게 의견을 발표하고, 토론하는 방식, 지역사회의 문제인식 수준을 높이고 다양한 의견을 수렴하며, 해결방안애 대한 공감대를 형성
델파이 기법	전문가들에게 익명으로 설문을 반복 실시하고, 각 단계마다 이전 단계의 응답결과 요약 정보를 제공하여 의견 차이를 점차 좁혀나가는 방식으로 진행, 문제의 중요도 평가, 미래 예측, 정책 대안 모색 등
사회지표 분석	객관적 지표(예:빈곤율, 실업률, 자살률, 범죄율, 평균 수명 등)를 분석하여 사회문제의 수준, 추세, 지역 간 비교 등을 수행
사례연구	개인, 가족, 집단, 지역사회 등 단일사례를 대상으로 다양한 정보를 수집하고 분석하여 문제 상황과 맥락 이해

출처 : 박용권, 2025.

또한 우수명(2022)은 정보 수집 방법을 다음과 같이 설명하고 있다.

〈표 4-3〉 정보수집방법

정보수집방법	정보수집 내용
직접 정보수집	주민 만나기, FGI, CI, KPI 조사, 욕구·만족도 조사, 주민(마을)회의, 공청회, 세미나
간접 정보수집	사례관리기록 내용 분석, 기관 내부 자료 분석, SWOT분석 지역 네트워크 회의, 기타 2차 자료 분석

출처: 우수명(2022). 재구성

이상의 문헌에서 제시하는 정보수집 방법이 실제 사회복지 실천 현장에서 적용하고 있는 내용임을 확인할 수 있다. 이러한 다양한 정보수집 방법을 사회복지 기관의 상황을 고려해 사회복지 프로그램을 기획하고 있다고 볼 수 있다.

6. 욕구사정

욕구사정(needs assessment)은 프로그램의 필요성을 사회문제의 진단을 통해 확보했다면 실제로 대상에 해당하는 클라이언트, 가족, 지역사회 등이 무엇을 필요로 하고 원하는지를 구체적으로 파악하는 과정이다. 이는 프로그램 기획의 가장 기초적인 단계로, 누가 어떤 서비스를 필요로 하는지, 그 욕구의 규모와 우선순위는 어떠한지를 파악하는 것을 목적으로 한다.

욕구사정의 구체적 목적은 다음과 같다. 첫째, 대상 집단의 특성과 그들이 가진 문제 및 욕구를 파악한다. 둘째, 욕구의 규모와 심각성 정도를 측정한다. 셋째, 여러 욕구들 간의 우선순위를 결정한다. 넷째, 기존 자원과 서비스의 적절성을 평가한다. 다섯째, 새로운 프로그램의 필요성과 방향을 제시한다. 여섯째, 프로그램 기획과 의사결정을 위한 근거 자료를 제공한다.

1) 욕구의 개념

욕구사정을 이해하려면 먼저 욕구의 개념을 이해해야 한다. 사회복지 프로그램이 대상으로 하는 욕구란 개인이나 집단이 사회인으로서 기능하는 데 필요한 경제적·사회적·심리적·신체적 욕구를 말하는 것이다. 욕구(needs)와 원함(want)은 뚜렷이 구분되어야 한다. 원함은 무엇이 필요하나 그것을 가지지 못할 때 생기는 개인의 인지 또는 정서 상태이지만, 욕구는 어떤 사람이 필요로 하는 것을 의미하며, 다른 사람으로부터 규정되는지가 관건이다(김영종, 2019).

따라서 사회복지 프로그램 기획에서의 욕구는 클라이언트나 지역사회 주민들이 필요로 하는 서비스나 자원을 파악하는 핵심 개념이다. 욕구를 정확하게 파악하는 것은 효과적인 프로그램을 개발하기 위한 전제조건이다.

2) 욕구의 유형과 욕구 조사 실행

일반적으로 인간 욕구를 심리학적 접근과 사회학적 접근 두 가지로 설명하고 있다. 심리학적 접근은 모든 인간들에게 나타나는 욕구의 보편성을 다루고, 사회학적 접근은 사회문화적 차이에 따른 욕구의 다양성을 다룬다(김영종, 2019).

(1) Maslow의 욕구단계이론

Maslow는 인간의 욕구를 위계적으로 나누고, 모든 인간 존재는 자신의 욕구 충족을 단계적으로 진행해 가며, 자신과 환경에 대한 지배를 증대시키는 차원에서 높은 단계의 욕구로 전이해 가고, 이를 통해 개인들은 삶의 질을 높여 나간다고 한다. 이 이론은 인간 동기와 욕구 이해에 기여하였으나, 욕구가 순차적으로 충족되는 것보다 현실에서는 여러 욕구가 동시에 나타날 수 있으며, 사회변화에 따라 다양한 측면을 고려하지 못했다는 지적이 있다. 욕구는 절대적이고 고정된 것이 아니라 개인 상황, 사회경제적 조건, 기술 발전에 따라 변화하기 때문이다. 무엇보다 과학적으로 충분히 검증되지 못했다는 한계가 있다.

자아실현	최고 단계 욕구 : 사회의 증진에 기여할 수 있는 자신의 잠재력을 극대 실현
자아존종/ 지위	일차집단에 소속되고 난 후에 추구할 수 있는 욕구 : 인정받고 싶은 욕구, 지위 획득, 자아존중감이 필요
소속감욕구	사회적 제휴 욕구 : 문화적 일체감 및 가족, 집단적 제휴에 대한 욕구 : '사랑'에 담긴 의미, 소수 집단 내의 의식이 일어나는 것의 의미
안전의 욕구	두 번째 단계 : 신체적, 정서적 위해로부터의 안전, 현대 사회에서는 범죄 예방이나 직업 안정에 대한 관심 등의 형태로 표현
생리적욕구	가장 낮은 단계의 기본적 욕구 : 음식, 물, 산소 등과 같은 생리적 존속에 필수적인 것들에 대한 필요. 현대 사회에서는 직업평태의 소득원에 대한 필요를 포함

<그림 4-1> Maslow의 욕구단계이론

출처: York(1982), 김영종(2019). 재인용

사회복지 프로그램 기획을 위해서는 심리학적 접근의 공통된 인간 욕구에 대한 이해만으로는 불충분할 수 있지만 몇 가지 시사점을 가지고 있다. 첫 번째는 욕구의 단계성과 우선순위 설정이다. 사회복지 프로그램은 이용자의 현재 욕구 수준을 정확히 파악하고, 가장 기본적인 욕구부터 충족시킬 수 있도록 설계된다. 예를 들어, 맞벌이가정 아동을 위한 방과후 프로그램은 안전의 욕구와 소속감 욕구에서 출발할 수 있으나 기본적으로 생리적욕구에 대한 충족이 우선과제일 수 있다. 둘째, Maslow는 미충족된 욕구를 충족하려는 강력한 동기가 인간에게 있다고 본다. 이는 사회복지 프로그램이 대상자자의 내적동기를 자극하여 참여를 유도할 수 있음을 시사한다. 또한 개인마다 욕구 충족 수준이 다를 수 있으므로 맞춤형 접근이 필요함을 보여준다(박용권, 2025).

(2) Bradshow의 욕구

Bradshaw(1972)는 욕구를 단일 개념이 아닌 발생 및 인식 방식에 따라 네 가지 유형으로 분류했다. 이는 사회복지 프로그램 기획에서 욕구를 파악하고 우선순위를 정하는 데 유용한 틀을 제공한다.

① 규범적 욕구 (normative needs)

규범적 욕구는 전문가나 행정가가 전문적 지식과 기준에 따라 규정한 욕구이나. 권위, 관습, 사회석 합의로 성해진 바람직한 수준과 실제 수준을 비교하여 욕구를 판단한다. 예를 들어 영양학자가 노인에게 하루 1,800kcal 이상의 식사가 필요하다고 판단하면, 그 이하의 식사를 하는 노인에게는 규범 욕구가 있다고 본다. 규범적 욕구의 강점은 명확하고 정량화하기 쉬운 목표를 제시한다는 점이다. 하지만 전문가에 따라 욕구의 정도가 다르게 규정될 수 있고, 시간 변화에 따하 가치 판단이 달라질 수 있다는 한계가 있다.

② 인지된 욕구 (felt needs)

개인이 주관적으로 느끼고 인식하는 욕구로, '원함(want)'과 같은 의미이다. 예를 들어 실직자가 "당장 일자리가 필요하다"고 생각하는 자신에게 무엇이 결핍되었거나 필요한 서비스에 대해 주관적으로 인식하는 것이다. 인지 욕구는 주로 문서, 전화, 온라인 등 서베이 조사를 통해 파악된다.

③ 표현(표출)된 욕구 (expressed needs)

사람들이 느껴진 욕구가 행동으로 표현되어 서비스 요구(demand)로 행동화된 것이다. 일반적으로 표출된 욕구는 서비스 요청자 수로 욕구의 정도를 파악한다. 예를 들어 방과후 아동을 위한 공부방을 이용하고자 하는 아동의 부모가 서비스를 받고자 서비스를 신청했거나 대기 명단으로 등록하는 경우가 해당한다.

④ 상대적(비교) 욕구 (comparative needs)

상대적 욕구는 비슷한 상황에 있는 다른 사람들과 비교하여 발생하는 욕구이다. 비슷한 상황에 있는 개인. 가족, 집단, 지역사회 등이 한쪽에서는 서비스를 제공하고 있지만, 다른 한쪽에서는 서비스를 제공하고 있지 않는다면 후자가 비교 욕구가 있다고 한다. 예를 들면 경제적 수준이 비슷함에도 A가정은 경제지원서비스를 제공받지만, B가정은 제공받지 못한다거나, 장애인의 비율이 증가 추세가 비슷한 두 지역에서 한 지역에만 장애인센터가 건립된다면 설립되지 않은 지역은 비교 욕구를 갖게 된다. 비교 욕구를 파악하는 방법으로 지역사회 자본을 파악할 수 있는 지도를 활용할 수 있다.

〈표 4-4〉 Bradshow 욕구 유형 및 사례

욕구 유형	개 념	사례(장애인 그룹홈 개발)
규범적 욕구	관습, 권위 등 사회적 기준 및 표준 이하 상태	복지관 및 관련 단체를 방문하여 느린 학습자(아동)를 위한 프로그램의 필요성과 현황에 대한 자료를 요청하여 분석하고, 아동관련 전문가들의 의견을 수렴
인지적 욕구	개인이 주관적으로 느끼고 인식	느린학습자, 느린학습자 부모, 관련기관 종사자들을 대상으로 느린학습자 프로그램의 수요에 대한 설문조사 실시. 필요하다고 생각하는 정도와 이용할 의향이 있는지에 대한 질문을 포함한 설문을 구성할 수 있을 것임
표현적 욕구	서비스 요청자 또는 대기자 수	현재 지역사회 내에서 운영 중인 느린학습자 프로그램 데이터를 수집(ex : 대기자 명수)
상대적 욕구	유사 지역간 서비스 수준(제공량) 차이	지역사회의 느린학습자 비율을 감안할 때, 해당 지역에 느린학습자를 위한 프로그램이 타 지역에 비해 부족하게 운영되고 있다면 상대적 욕구가 높다고 판단할 수 있음

3) 욕구사정 단계

욕구사정은 새로운 프로그램을 개발하기 위해 정당성을 확보할 수 있도록 체계적인 단계를 거쳐 이루어진다.

첫 번째 단계는 욕구사정의 목적과 범위를 설정하는 것이다. 무엇을 알고자 하는지, 어떤 집단을 대상으로 할 것인지, 어떤 주제에 초점을 맞출 것인지를 명확히 한다.

두 번째 단계는 정보의 명료화 작업이다. 표적 체계 선정, 인구 사회학적 특성, 문제 특성, 욕구 조사 방법을 선택하는 것이다. 활용가능한 자원, 시간, 필요한 정보의 종류 등을 고려하여 적절한 방법을 선택한다. 여러 방법을 조합하여 사용하면 더욱 풍부하고 신뢰성 있는 정보를 얻을 수 있다.

세 번째 단계는 활용가능한 자료를 수집하고 확인하는 것이다. 사회복지기관, 초점집단면접, 공공기관, 도서관, 인터넷 등(예; 노인실태조사, 지역사회주민 욕구조사 등 2차 자료 활용) 체계적으로 자료를 수집한다. 이 과정에서 윤리적 고려 사항을 준수하고, 자료의 질을 확보하기 위한 노력이 필요하다.

네 번째 단계는 수집된 자료를 분석하고 해석하는 것이다. 직접적 욕구조사(서베이, 면접, 관찰)와 간접적 욕구조사(델파이기법, 서비스 재공자 면접, 사회지표조사), 양적 조사, 질적 조사, 자료분석 방법을 사용한다.

다섯 번째 단계는 욕구사정 결과를 보고하고 활용하는 것이다(욕구조사 보고서 작성). 결과를 명확하고 설득력 있게(연구목적, 조사방법, 조사결과, 조사결과 해석 등) 제시하여 의사결정자와 이해관계자들이 이해하고 활용할 수 있도록 한다. 결과는 프로그램 기획의 기초자료로 활용된다.

4) 욕구사정을 위한 방법

욕구사정에서 사용되는 방법은 자료의 원천, 자료수집 방법 등 다양한 방법들이 존재한다. 여기서는 크게 두 가지, 직접적 욕구조사와 간접적 욕구조사로 구분하여 살펴보고자 한다(이민홍 외, 2024. 박용권, 2025. 재구성).

(1) 직접적 욕구 조사

① 지역사회 주민 및 표적집단 서베이 조사(사회조사)

지역사회 서베이는 욕구사정 과정에서 지역사회 주민 또는 특정 표적집단의 욕구, 문제. 자원, 서비스 이용 실태 등에 관한 자료를 체계적으로 수집하고 분석하는 핵심 방법이다. 지역사회 주민 욕구조사는 응답자의 일반적 특성, 지역사회 문제 및 주민 욕구, 기관과 프로그램 인지도와 활용 정도, 지역사회 지원조사 등이 포함된다. 이는 주로 설문지나 인터뷰와 같은 표준화된 도구를 사용하여 다수의 응답자로부터 정보를 얻는 양적조사 방법이다(황성철, 2005).

지역사회 서베이는 욕구사정의 객관적인 도구이지만, 결과의 질과 유용성은 조사 과정의 엄밀성에 크게 좌우된다. 특히 조사설계, 측정도구의 신뢰도와 타당도 확보, 그리고 샘플링 과정에서의 세심한 주의가 요구된다. 단점으로는 조사비용 및 시간, 사회조사 전문성 및 조사대상 확보의 어려움이 있다.

② 초점집단면접(Focus group interview: FGI)

초점집단면접은 문제나 욕구를 갖는 클라이언트 집단을 대상으로 서베이를 통해서 얻을 수 없는 심층적인 인지 및 표출 욕구를 탐색하기 위해서 사용되는 질적조사 방법이다. 즉, 특정 주제나 문제에 대한 참여자들의 심층적인 태도,

경험, 신념 등을 탐색하기 위해 소수의 사람들을 한자리에 모아 토론하는 방법이다. 초점집단면접은 동질적인 특성을 가진 사람들로 구성하는 것이 일반적이다. 욕구사정을 실시하는 절차는 기획 단계, 참여자 모집 단계, 진행자 및 보조진행자 준비 단계, 진행 단계, 자료 분석 및 보고 단계 순으로 진행된다(박용권, 2025). 진행 방법에 있어서는 숙련된 진행자가 편안하고 개방적인 분위기를 조성하고, 모든 참여자가 의견을 나눌 수 있도록 유도해야 한다. 초점집단면접의 장점은 참여자들의 경험, 감정, 태도를 깊이 있게 탐색할 수 있고, 참여자들 간의 상호작용을 통해 다양한 관점과 깊이 있는 정보를 도출할 수 있다. 그러나 참여자 선정의 대표성 문제, 소수의 의견이 일반화될 위험, 민감한 주제에 대해서는 솔직한 의견 표현의 제한, 진행자 능력과 자질에 크게 의존한다는 단점이 있다.

③ 지역사회 포럼

지역사회 포럼(community forum)은 지역주민들이 공개적으로 모여 지역사회의 문제와 욕구에 대해 의견을 교환하고 자료를 수집하는 방법이다. 공청회나 주민 회의 형태로 진행되며, 다양한 이해관계자(지역주민, 서비스 제공자, 민간단체. 공공기관 관계자, 당사자 집단)들이 참여하여 의견을 나누고 우선순위를 결정할 수 있다.

지역사회 포럼은 주민들의 참여를 촉진하고, 다양한 관점을 수렴할 수 있다. 또한 지역사회 문제에 대한 관심과 공감대를 통해 사회적 합의를 도출할 수 있다는 장점이 있다. 그러나 참여자의 대표성이 충분히 확보되지 않을 경우, 논의된 욕구가 지역 전체를 대변한다고 보기 어렵다. 특히 발언권이 있는 소수 집단이 주도할 경우, 취약계층이나 소외집단 같은 사회적 약자의 목소리는 묻힐 수 있다. 따라서 포럼 참여를 독려하고, 다양한 집단의 목소리가 반영될 수 있도록 노력해야 한다.

(2) 간접적 욕구 조사

① 2차 자료 분석

2차 자료 분석은 이미 다른 연구나 행정 목적을 위해 수집·정리된 자료를 활용하여, 특정 지역사회나 대상 집단이 지니는 욕구와 문제를 파악하는 방법이다. 즉, 새롭게 자료를 수집하기보다는 기존에 축적된 정보를 분석함으로써 욕구사정을 수행하는 접근방식이다.

이 방법에서 활용되는 자료에는 정부와 공공기관, 연구기관이 정기적으로 생산하는 각종 사회지표와 공식 통계자료가 포함된다. 인구 구조, 사회·경제적 특성, 건강 상태, 교육 수준, 복지 현황과 관련된 통계가 대표적이다. 또한 대학이나 전문 연구기관에서 수행한 연구과제 보고서, 학술지 논문 등도 중요한 2차 자료로 활용될 수 있다.

2차 자료를 활용할 경우 비교적 적은 비용과 짧은 시간 안에 방대한 정보를 확보할 수 있다는 장점이 있다. 특히 장기간에 걸쳐 축적된 통계와 연구 결과를 활용하면 문제의 규모와 심각성, 변화 추이를 파악하는 데 유용하다.

반면, 이러한 자료들은 본래 욕구사정을 목적으로 수집된 것이 아니기 때문에 프로그램 기획에 필요한 세부 정보가 충분히 포함되지 않을 수 있다. 또한 자료의 최신성이 떨어지거나, 특정 소수 집단이나 취약계층에 대한 정보가 제한적이라는 한계도 존재한다(박용권, 2025).

② 서비스 제공자 및 주요 정보 제공자 조사

주요 정보제공자 조사는 특정 지역사회나 대상 집단이 직면한 문제와 욕구를 비교적 정확하게 파악하기 위해 활용되는 조사 방법이다. 이 방법은 해당 지역이나 집단에 대해 잘 알고 있거나, 현장경험을 통해 유용한 정보를 제공할 수 있는 사람들의 의견과 판단을 수집하는 데 목적이 있다(이민홍 외, 2024).

주요 정보 제공자(key informant)란 특정 문제, 클라이언트 집단, 또는 지역사회에 대해 전문적 지식이나 실무 경험을 보유한 사람을 의미한다. 예를 들어 지역사회 지도자, 행정기관 공무원, 사회복지사, 교사, 경찰, 보건의료 분야 종사자, 시민단체 활동가, 그리고 통장이나 반장과 같은 주민대표 등이 이에 해당할 수 있다. 이들을 대상으로 한 면담이나 설문조사를 통해 지역사회의 특성과 문제에 대한 전문적 통찰을 얻을 수 있다.

주요 정보제공자 조사는 비교적 짧은 시간과 적은 비용으로 수행할 수 있으며, 수치로 드러나기 어려운 맥락적이고 심층적인 정보를 확보할 수 있다는 장점이 있다. 반면 조사 결과가 정보제공자의 개인적 경험이나 가치관에 영향을 받을 수 있으며, 실제 서비스 이용자나 당사자의 인식과 차이가 발생할 가능성도 존재한다(박용권, 2025).

따라서 조사 결과의 타당성을 높이기 위해서는 하나의 관점에 의존하기보다, 서로 다른 역할과 배경을 지닌 다양한 정보 제공자를 포함하여 조사를 실시하는 것이 중요하다.

③ 델파이 기법

델파이 기법(Delphi technique)은 지역사회 문제나 욕구에 대해 전문가 패널을 구성하여 체 반복적인 설문조사를 통해 체계적인 수렴과 합의를 도출하는 방법이다. 전문가들은 익명으로 의견을 제시하며, 매 회마다 다른 전문가들의 의견을 검토하고 자신의 의견을 수정할 수 있다.

델파이 기법 욕구 조사의 절차는 전문가 집단 선정과 조사 대상자 파악, 1차 개방형 설문조사, 1차 설문조사 결과 분석 및 2차 설문조사, 후속 설문조사 및 결과 분석, 조사 결과 정리 순으로 진행된다.

델파이 기법은 전문가들의 판단을 체계적으로 수렴할 수 있고, 익명성으로 인해 권위나 집단 압력의 영향을 최소화할 수 있다는 장점이 있다. 복잡하거나 불확실한 문제, 미래 예측이 필요한 경우에 유용하다. 그러나 시간과 비용이 많이 소요되며, 전문가 선정의 적절성이 결과에 큰 영향을 미칠 수 있다는 한계가 있다.

7. 욕구사정 결과의 프로그램 기획 활용

욕구사정의 결과는 사회복지 프로그램 기획 전반에 걸쳐 다양한 방식으로 활용된다. 이는 프로그램의 방향 설정부터 평가 기준 마련에 이르기까지 핵심적인 기초 자료로 기능한다.

첫째, 욕구사정 결과는 프로그램 기획과 개발의 기본 방향을 설정하는 근거가 된다. 욕구사정을 통해 도출된 우선순위가 높은 욕구를 중심으로 프로그램의 초점과 개입 방향을 명확히 할 수 있으며, 이는 효과적인 프로그램 설계의 출발점이 된다.

둘째, 프로그램의 목적과 목표를 구체화하는 데 활용된다. 파악된 욕구의 내용과 우선순위에 기초하여 프로그램이 궁극적으로 달성하고자 하는 변화와 성과를 현실적이고 측정 가능하게 설정할 수 있다.

셋째, 욕구사정은 대상자 선정 기준을 마련하는 데 중요한 역할을 한다. 이를 통해 어떤 집단이 가장 큰 욕구를 지니고 있는지, 어떤 특성을 가진 대상에게 우선적으로 서비스가 제공되어야 하는지를 판단할 수 있으며, 프로그램의 주 대상과 참여 기준을 합리적으로 설정할 수 있다.

넷째, 프로그램의 내용과 개입 방법을 결정하는 데 필요한 정보를 제공한다. 대상자들이 실제로 필요로 하는 서비스의 유형과 선호하는 개입 방식에 대한 이해를 바탕으로, 대상자의 상황과 욕구에 부합하는 프로그램을 설계할 수 있다.

다섯째, 욕구사정 결과는 정책결정자나 자금 제공자에게 자원 배분의 타당성을 제시하는 근거가 된다. 욕구의 규모와 중요성에 대한 객관적인 자료를 통해 예산, 인력, 시설 등의 자원을 어떻게 배분할 것인지 합리적인 판단이 가능해진다.

여섯째, 욕구사정은 프로그램 평가를 위한 기준 설정에도 활용된다. 욕구사정 단계에서 확인된 문제 상황이나 지표는 프로그램 시행 이후 변화 정도를 측정하는 비교 기준으로 활용될 수 있다.

8. 욕구사정의 윤리적 고려 사항

욕구사정은 개인과 집단의 민감한 정보와 삶의 문제를 다루는 과정이므로, 윤리적 원칙을 철저히 준수해야 한다. 따라서 욕구사정을 수행하는 사회복지사는 전문직 윤리에 기초하여 이러한 문제를 신중하게 고려해야 한다.

첫째, 자발적 참여와 사전 동의가 보장되어야 한다. 조사 목적과 방법, 정보 활용 방식을 충분히 설명하고, 참여자는 언제든지 참여를 거부하거나 중단할 수 있어야 한다.

둘째, 익명성과 비밀보장을 유지해야 한다. 수집된 개인정보와 응답 내용은 외부에 노출되지 않도록 보호해야 하며, 결과 보고 시 개인이 식별되지 않도록 주의해야 한다.

셋째, 취약한 집단에 대한 특별한 배려가 필요하다. 아동, 노인, 장애인 등은 조사 과정에서 부담이나 위해가 발생하지 않도록 신중하게 접근해야 한다.

넷째, 비현실적인 기대를 예방해야 한다. 욕구가 표현되었다고 해서 모든 서비스가 즉시 제공되는 것은 아니므로, 욕구사정의 목적과 한계를 명확히 안내해야 한다.

다섯째, 대표성과 공정성을 고려해야 한다. 특정 집단의 의견만 반영되지 않도록 하고, 목소리를 내기 어려운 사람들의 욕구도 함께 반영되도록 노력해야 한다.

여섯째, 정보의 책임 있는 사용과 관리가 중요하다. 수집된 자료는 본래 목적에 맞게 활용하고, 안전하게 보관·폐기해야 한다.

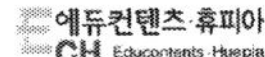
에듀컨텐츠·휴피아
Educontents·Huepia

제5장. 프로그램 참여자 및 목적과 목표 설정

1. 프로그램 참여자 선정

프로그램 참여자 선정이란 사회복지 프로그램이 제공하고자 하는 서비스의 대상 범위와 우선적으로 개입해야 할 집단을 명확히 결정하는 과정을 의미한다. 이는 단순히 참여자를 모집하는 절차가 아니라, 프로그램의 목적과 욕구사정 결과를 토대로 누가 가장 큰 욕구를 가지고 있으며, 누구에게 서비스가 가장 필요한지를 판단하는 핵심 단계이다.

1) 참여자의 의미

사회복지 프로그램에서 서비스를 제공받는 사람을 '참여자(클라이언트)'라고 한다. 하지만 사회복지 실천 현장에서는 '대상자'라는 용어가 일반적으로 사용되어 왔다. 그러나 '대상자'라는 표현은 클라이언트를 서비스의 수동적 수혜자이자 관리의 대상으로 인식하게 할 수 있다는 한계를 지닌다. 이는 문제 중심 접근과 결합 되어 개인이나 집단의 결핍에 초점을 맞추고, 서비스 제공자가 개입을 주도하며 클라이언트를 객체(object)로 위치시키는 결과를 낳을 수 있다. 이와 달리 최근에는 클라이언트를 변화 과정에 능동적으로 참여하는 주체(subject)로 인식하고자 하는 관점에서 '참여자'라는 용어가 점차 사용되고 있다. '참여자'라는 개념은 개인이나 집단이 문제해결 과정뿐 아니라 서비스의 설계, 실행, 평가 전반에 걸쳐 자신의 역량을 발휘하며 주체적인 역할을 수행한다는 의미를 함축한다(박용권, 2025).

이러한 용어의 변화는 사회복지 실천이 문제 중심 접근에서 강점 중심 접근, 전문가 중심 개입에서 참여와 협력 중심의 실천으로 전환되고 있는 패러다임 변화와 맞닿아 있다. 실제로 사회복지공동모금회는 사업계획서 양식에서 '사업대상자' 대신 '사업참여자'라는 용어를 사용하고 있으며, 「사회복지공동모금회 사업계획서 작성 매뉴얼」(2023)에서는 사업참여자를 '핵심 참여자'와 '주변 참여자'로 구분하여 제시하고 있다.

이처럼 '대상자'에서 '참여자'로의 용어 변화는 단순한 표현의 수정이 아니라, 사회복지 실천에서 클라이언트를 바라보는 관점과 역할 인식의 변화를 반영하는 중요한 흐름이라 할 수 있다.

2) 사회복지 프로그램 참여자 선정 시 고려 사항

프로그램 참여자 선정 시에는 욕구의 심각성과 시급성, 취약성 및 위험 수준, 문제의 지속 기간과 누적 정도, 서비스 미이용 또는 서비스 공백 여부 등을 기준으로 설정할 수 있다. 이러한 기준은 프로그램의 주 참여자와 주변 참여자를 구분하고, 참여 우선순위를 명확히 하는 데 활용된다. 나아가 참여자 선정 기준은 프로그램의 목표 설정뿐 아니라 내용 구성과 평가 기준과도 밀접하게 연계된다.

사회복지 프로그램의 참여자 선정 과정은 명확한 선정 기준과 체계적인 모집 절차를 바탕으로 이루어져야 하며, 이 과정에서 크리밍(creaming) 현상이 발생하지 않도록 주의가 필요하다. 크리밍 현상이란 욕구의 수준이나 문제의 심각성에 근거하여 참여자를 선정하기보다, 비교적 조건이 양호하고 서비스 제공 과정에서 문제가 적으며 성공 가능성이 높아 보이는 사람들을 우선적으로 선별하는 현상을 의미한다. 이는 실제 사회복지 실천 현장에서도 빈번하게 나타나는 문제이다(이민홍외, 2024).

또한 프로그램 참여자 모집 시에는 참여자의 특성을 고려한 적절한 모집 방법과 사전 고지된 동의 절차를 활용해야 한다. 따라서 프로그램 기획자는 참여자의 욕구 및 특성, 프로그램 이론, 법률과 규정, 기관의 재원 및 인력, 프로그램 성격과 개입 전략 등에 대해 참여자 선정 시 종합적으로 검토하고 효과적인 모집전략을 수립해야 한다(박용권, 2025).

3) 사회복지 프로그램 참여자 선정 방법

프로그램 참여자 선정 방법은 4개의 집단 선정 방법과 사회복지공동모금회에서 제시하고 있는 사업참여자(핵심참여자+주변참여자)로 구분한 선정 방법에 대해 살펴보고자 한다.

(1) 4가지 인구집단 선정 방법

사회복지 실천 현장에서 가장 많이 활용하고 있는 참여자 선정 방법으로서, 네 가지의 인구집단으로 구분하여 순차적으로 좁혀가는 방식이다. 인구학적 정보를 기반으로 문제집단의 규모를 측정하여 표적 집단을 설정한 뒤, 실제 프로그램에 참여하는 클라이언트 집단을 선정한다(이민홍 외, 2024; 박용권, 2025). 구체적으로 인구집단별로 살펴보면 다음과 같다.

① 일반집단

해당 문제나 욕구를 가질 수 있다고 판단되는 가장 포괄적인 인구집단으로 클라이언트가 속한 행정구역 내에 있는 전체 인구집단이다. 예를 들면, 서울시에서 학교폭력 가해 및 피해 학생을 학교 사회사업 프로그램일 경우, 서울시에 있는 전체 청소년이 일반집단에 해당된다.

② 위험집단

위험집단은 일반집단 중 주요한 사회문제에 대해 취약하거나 노출될 위험이 크거나 욕구 차원에서 높은 욕구를 가질 수 있는 인구집단을 의미한다. 즉, 특정한 문제나 욕구를 가지고 있어서 프로그램을 통해 개입이 요구되는 사람들이다. 위험집단 규모는 일반집단에서 문제나 욕구가 발생하는 비율을 사회지표나 각종 자료를 통해 추정하게 된다. 예를 들어 서울시 학교폭력을 경험한 학생 비율이 15%라고 하면 서울시 전체 청소년 학생 중 15%를 산출하게 된다.

③ 표적집단

표적집단은 프로그램 기획자가 직접적으로 서비스를 제공하고자 의도하는 인구집단이다. 프로그램은 특정지역에 있는 모든 위험집단의 인구 대상 모두를 참여시킬 수 없다. 위험집단 중에서도 특히 문제 개입이 절실히 필요하거나, 우선적 욕구 충족이 수행되어야 할 인구집단을 선정하게 된다. 표적집단은 지역사회 욕구조사, 저소득층 실태조사, 사회지표 등 욕구조사방법을 활용해 선정한다.

④ 클라이언트 집단

클라이언트 집단은 표적집단 중에서 실제 프로그램에 참여하는 인구집단을 말한다. 표적집단에 해당된다고 모두 참여하는 것은 아니다. 클라이언트 집단은 프로그램에 참여할 수 있는 접근성 문제나 서비스 제공의 현실적 요인 등의 문제로 자격이 되는 사람들 중의 일부만 서비스를 제공받게 된다. 이에 프로그램 기획자는 클라이언트의 선정기준, 우선순위, 모집방법 등의 과정 등에 대해서 구체적으로 명시해야 한다. 그 기준을 살펴보면 다음과 같다(이민홍 외, 2024).

• 실용적 수용성

: 계획하는 프로그램 예산, 인력, 공간 등 실현가능한 자원 활용 정도를 가지고 클라이언트 규모를 결정해야 한다. 따라서 프로그램 기획자는 기관의 상황을 정확하게 파악하고 있어야 한다.

• 고지된 동의

: 참여자 선정 기준에 해당된다고해서 무조건 참여하는 것이 아니다. 먼저 프로그램에 자발적으로 참여할 의사가 확인되어야 한다. 이는 사회복지 실천에서 윤리성의 핵심적 요구사항이다. 프로그램 기획자(사회복지사)는 프로그램의 목적, 대상 조건, 주요 내용, 참여 혜택과 피해, 대안적 선택 등에 대해 참여자에게 자세히 설명하고, 고지된 동의를 통해 자발적 참여 의사를 확인하는 과정이 반드시 필요하다.

• 클라이언트 능력

: 사회복지프로그램 클라이언트로 선정되기 위해서는 프로그램 목적에 부합하는 능력과 자원을 갖추고 있어야 한다. 클라이언트는 인지·정서·행동 역량을 갖추고 있어야 프로그램에서 의도한 활동에 참여할 수 있다. 또한 정기적 프로그램에 지속적인 참여와 접근성을 위한 이동 수단도 확보해야 한다.

(2) 핵심참여자와 주변 참여자 선정방법

사회복지공동모금회는 2018년부터 사업계획서 양식에 '사업대상자'를 '사업참여자'라는 용어를 변경 사용하고 있다. 핵심 참여자는 사업의 성과를 측정하게 되거나 서비스를 직접적으로 제공받는 주요 참여자(대상자), 주변 참여자는 성과 측정 대상은 아니지만 핵심 참여자의 변화를 이끌어내는데 중요한 역할을 하는 사람으로 구분한다(사회복지공동모금회, 2025).

① 핵심 참여자

프로그램 또는 사업을 통해 변화를 이끌어 내고자 하는 주된 대상을 의미한다. 사회복지 프로그램은 특정 문제나 욕구를 가진 개인 또는 집단의 긍정적 변화를 목표로 하며, 이 변화의 중심에 있는 사람들이 바로 핵심 참여자이다. 핵심 참여자는 프로그램의 직접적 수혜자이며 설정된 성과목표 달성 여부를 판단하는 주요 근거가 된다. 이들의 변화 정도를 측정하여 프로그램이 효과성을 평가한다.

② 주변 참여자

프로그램의 직접 대상이 아닌 핵심 참여자의 긍정적 변화와 프로그램 목표 달성에 중요한 영향을 미치는 개인 또는 집단을 의미한다. 핵심 참여자를 둘러싼 환경의 일부로서, 사업의 성공적인 수행을 위해 협력하거나 지원하는 역할을 담당한다. 주변 참여자는 핵심참여자의 가족, 동료, 친구, 지역사회 기관, 자원봉사자, 후원자 능 다양한 형태로 나타날 수 있다. 이처럼 주변 참여자는 핵심 참여자인 클라이언트와 관련된 환경요인 또는 생태체계를 의미할 뿐만 아니라 프로그램의 자원으로 활용할 수 있는 네크워크나 공동 참여자를 모두 포괄하는 개념으로 이해할 수 있다(박용권, 2025).

2. 프로그램 목적과 목표 설정하기

프로그램 기획자는 사회문제 분석과 욕구사정, 참여자 선정이 되면 프로그램의 목적과 목표를 설정하게 된다. 프로그램 설계 과정에서 목적과 목표를 명확히 구분하고 설정하는 것은 효과적인 프로그램 개발의 핵심이며, 체계적인 프로그램 개발을 위해서는 이들의 개념적 차이를 이해하고 적절히 활용해야 한다. 사회복지 프로그램과 관련된 목표에는 목적(purpose), 목표(goal), 하위목표(object) 등으로 구분하거나, 넓은 의미의 목적과 목표로 구분하기도 한다. 그리고 사회복지 프로그램을 실행하는 사회복지 기관 또한 설립이념 또는 미션이라는 목표를 기관의 존재 이유로 설명하고 있다(kettner et al., 2022, 이민홍 외, 2024).

사회복지 실천 현장에서 프로그램을 기획한다는 것은 결국 사회복지기관의 설립 이념과 미션을 달성하고자 하는 의도적이고 계획적인 개입 활동이라고 할 수 있다. 따라서 사회복지기관의 설립 이념, 미션이 어떻게 목적과 목표와 연관성을 가지는지를 알아보고, 사회복지 프로그램에서의 구체적인 목적과 목표를 살펴보고자 한다.

1) 기관의 미션과 프로그램 목적의 관계 이해하기

프로그램의 목적을 설명하기에 앞서, 프로그램 기획자가 우선적으로 생각해야 할 것은 기관의 미션과 비전으로부터의 출발이다. 사회복지 기관은 특정한 사회적 목적을 달성하기 위해 미션과 비전을 설정을 통해 기관의 명분을 확보한다. 미션(Mission)이란 조직의 존재 이유를 밝히고 조직이 가지는 정체성과 국가, 사회, 고객에게 어떻게 기여하겠다고 선언하는 것을 의미한다. 즉, 기관의 존재 이유를 설명하는 것이다. 따라서 미션은 기관의 정체성과 방향성을 규정하는 가장 기본적인 기준이라고 할 수 있다. 또한 미션에는 사회복지 기관의 주요 서비스 대상(표적집단)이 명확히 제시되어 있으며, 이들에게 제공되는 주요 활동, 성취할 기관의 미래상 등을 제시하고 있다. 사회복지 기관은 미션의 목적을 달성하기 위해 구체적인 사업을 기획하며, 이 과정에서 프로그램의 목적, 목표, 하위목표 등에 직접적인 영향을 미치게 되는 등 기관의 사업계획 수립과 프로그램 개발의 기준이 된다. 결국 미션은 기관의 주요 서비스 대상의 문제를 해결하거나 욕구를 충족시키는 데 초점이 맞추어져 있기에 프로그램 기획자는 본인이 속한 기관의 미션에 대한 명확한 이해에서 프로그램 기획의 출발점이라고 할 수 있다.

- 우리는 왜 존재 하는가?
- 주요 목적에 대한 질문

- 우리는 누구를 위해 존재하는가?
- 우리의 주요 고객에 대한 질문

- 우리는 무엇을 제공하기 위해 존재하는가?
- 제공되는 핵심 서비스에 대한 질문

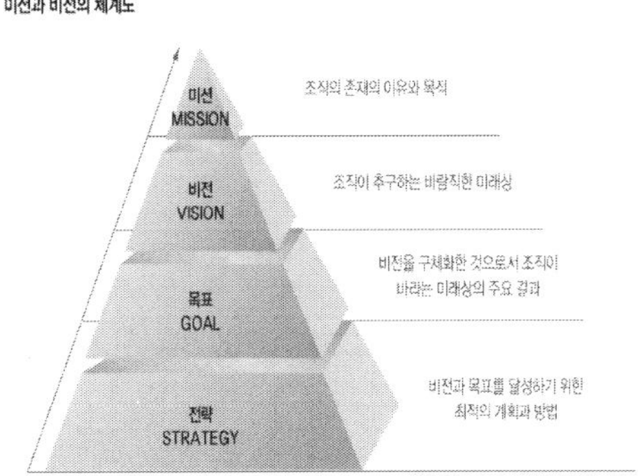

<그림 5-1> 미션의 구성요소 및 체계도

출처: 서울복지재단(2008).

〈표 5-1〉 미션 사례

구분	미션
월드비전	모든 어린이가 풍성한 삶을 누리는 것이며, 우리의 기도는 모든 사람들이 이 비전을 실현하도록 하는 것입니다
굿네이버스	굿네이버스는 굶주림 없는 세상, 더불어 사는 세상을 만들기 위해 존재한다. 굿네이버스는 빈곤과 재난과 억압으로 고통 받는 이웃의 인권을 존중하며 그들이 희망을 갖도록 북돋우어 자립적 삶을 살아갈 수 있도록 돕는다.
초록어린이우산	"어린이가 행복한 세상을 만듭니다"
사회복지공동모금회	" 나눔으로 하나 되는 행복한 세상 "

2) 프로그램의 목표 설정의 위계 구조

사회복지 프로그램에서의 목적과 목표를 살펴보기에 앞서 먼저는 프로그램 목표의 위계화 구조를 이해하는 것이 필요하다. 위계 구조는 궁극적으로 프로그램의 목적을 성취하기 위한 세분화된 방향성이나 상태 또는 결과를 경험적으로 조작화한 작업을 통해 진술하는 것이다. 사회복지 프로그램 목적과 목표에 대한 내용을 통해 계층적으로 설정하는 예를 살펴보면 그림 5-2와 같다. 계층 구조의 상부는 프로그램이 지향하는 포괄적인 이상 상태를 나타내고 있으며, 하부구조는 구체성, 측정 가능성뿐만 아니라 프로그램 수행 과정에서 달성해야 할 활동과 기대치 등을 포괄적으로 나타내고 있다. 이처럼 다양한 수준과 유형의 목표를 구분하여 설정하는 것은 프로그램의 계획, 실행, 평가 전 단계에서의 명확성과 체계성, 책임성을 확보하는 데 필수적이다.

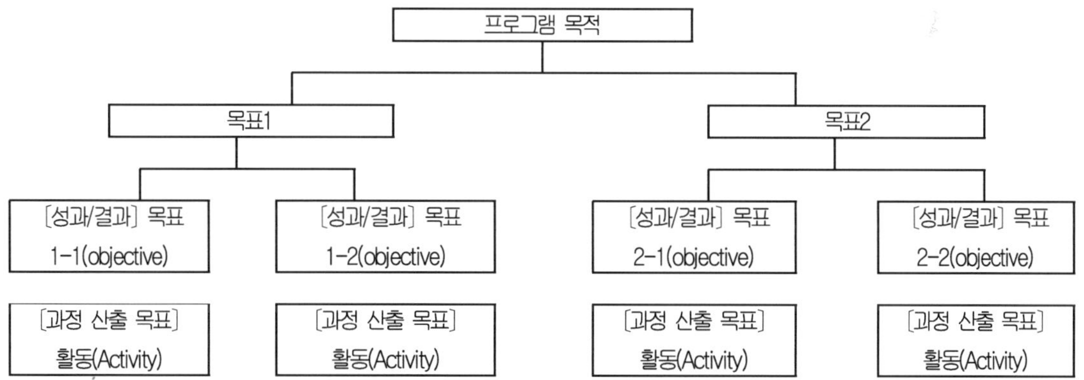

<그림 5-2> 프로그램 목표 위계 : 목적-목표-활동

출처: 이민홍 외(2024) : Kettner et al.(2023) 재구성

3) 프로그램 목적

사회복지 프로그램은 사명에 대한 의도적 표현으로 조직이 지향하는 목표를 궁극적으로 달성하고자 하는 구체적인 수단이고 방향성을 제시한다. 목적의 특성을 보면 첫째, 관념적이고 철학적이며 이상적인 요소가 강하다. 둘째, 반드시 측정 가능하거나 성취가능할 필요가 없는 평가 측정 대상이 되지는 않는다. 셋째, 프로그램이 달성하고자 하는 방향성에 초점을 두고 있다. 따라서 목적을 기술할 때는 왜 이 프로그램이 필요한지에 대한 현재의 문제와 욕구를 기술하고, 구체적으로 서비스를 제공하고자 하는 표적집단은 누구인지, 그리고 그들에게 어떤 프로그램을 통해 개입하는 지를 설명하고 마지막 부분에 프로그램이 지향하는 바람직한 미래 상태를 기술하게 된다. 프로그램 목적을 기술할 때 포함해야 할 요소를 보면 다음과 같다(이민홍 외, 2024).

- 참여자 : 프로그램 참여자, 수혜자 등(클라이언트 중심 서술)
- 문제 및 욕구 : 클라이언트가 갖고 있는 욕구 또는 해결하고자 내용
- 도구(방법) : 문제나 욕구 해결을 위한 전략이나 방법(프로그램 활동)
- 방향 : 문제나 욕구가 해결되는 결과 및 방향(향사 또는 감소되는 변화)

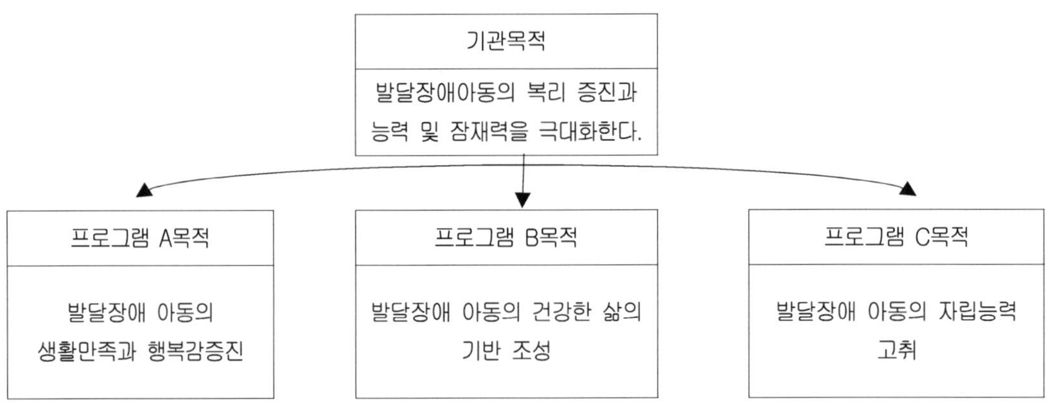

<그림 5-3> 기관목적과 프로그램 목적

출처: 황성철(2005).

4) 프로그램 목표의 유형

(1) 상위목표

프로그램의 목표는 프로그램 목적으로부터 논리적으로 분화되어 나오며, 목적을 보다 구체화하여 클라이언트에게 직접적으로 나타날 바람직한 변화를 표현한 것이다. 하나의 목적에 따라 몇 개의 목표를 둘 수 있다면 목표 역시 좀 더 세분화하여, 상위목표와 하위목표 또는 목표와 세부 목표로 표현하기도 한다.

목표는 구체적인 특징으로 평가의 기준이 되기 때문에 목표를 서술할 때 관련성, 구체성, 측정가능성, 지향성 등의 요건을 충족해야 한다(이민홍 외 2024.; 박용권, 2025).

① 유의미성(관련성)

프로그램 목표가 프로그램 목적을 달성하는 데 기여하고, 목적과 유의미한 관계가 있어야 한다. 즉, 프로그램이 설정한 목표는 참여자의 삶에 긍정적인 변화를 가져올 수 있는 실질적이고 필요한 것이여야 한다. 예를 들어 청소년들의 진로탐색 프로그램일 경우 프로그램 참여 후 청소년들이 진로에 대한 정보 및 간접체험을 통해 자기주도적으로 진로계획을 세울 수 있게 된다는 구체적인 프로그램 목표가 달성되면 성취될 수 있는 것이다.

② 구체성

프로그램 목표는 구체적이고 분명한 용어들을 사용하여 기술되어야 한다. 무엇을, 누구를 대상으로, 어느 정도 수준에서 변화시킬 것인지를 분명하게 제시해야 한다. 예를 들어, '아동의 학습 능력을 향상시킨다'는 목표는 다소 포괄적이지만, '프로그램 참여 6개월 후 참여 아동의 수학 과목 성취도를 15% 향상시킨다'는 식으로 구체화할 필요가 있다.

③ 측정 가능성

프로그램 목표는 측정 가능할 수 있는 개념을 사용해 제시되어야 한다. 측정가능성이란 목표 달성 여부를 실증적으로 평가할 수 있는 정량적 또는 정성적 지표를 활용하여 목표를 설정하는 것을 의미한다. 예를 들어 "참여자의 가족관계 기능을 회복한다"는 목표는 구체적인 측정 도구를 활용하여 사전-사후 변화를 측정할 수 있도록 해야 한다.

④ 지향성

클라이언트 중심으로 변화된 양상이나 지향하고자 하는 상태를 기술해야 한다. 프로그램 목표는 단순히 '존재한다'거나 '유지된다' 보다는 '증진한다', '감소한다', '향상시킨다' 등 구체적인 변화를 지향하는 언어로 기술되어야 한다. 변화의 방향성이 명확할 때, 프로그램 기획자는 보다 효과적인 전략과 활동을 도출할 수 있으며, 평가자는 목표 달성 여부를 보다 객관적으로 판단할 수 있다.

(2) 하위목표(세부 목표)

프로그램 하위목표는 상위목표를 논리적으로 분화시키는 과정을 통해 만들어진다. 하위목표는 세부 목표라고도 부르며, 목표(상위목표)와 구분된다. 하위목표는 프로그램을 통해 달성하고자 하는 것에 대한 설명으로 프로그램이 잘 진행되면 결과적으로 그 하위목표들이 달성되어야 한다. 프로그램 성과에 대한 평가는 하위목표 달성 여부를 통해서 가능하다. 따라서 하위목표는 실현 가능성이 있고, 구체적이며 행동지향적인 언어로 표기되며, 측정할 수 있는 개념을 활용해서 기술해야 한다. 이러한 하위목표 설정 원칙에 일반적으로 사용되는 기준이 SMART 원칙이다.

〈표 5-2〉세부 목표 진술의 기준SMART 내용

기 준	의 미
Specific (구체성)	목표는 누가, 무엇을, 어떻게 달성할 것인지 명확하게 진술
Measurable (측정 가능성)	목표 달성 여부를 객관적으로 확인할 수 있도록 측정 가능한 지표를 포함해야 함
Achievable (달성가능성)	현실적으로 달성 가능한 수준. 이용 가능한 자원, 프로그램 기간, 대상자의 특성 등을 고려하여 실현 가능성을 평가해야 함
Relevant(관련성) Realistic(현실적인) Result-orient(결과지향성)	목표는 프로그램의 목적 및 해결하고자 하는 문제와 직접적으로 연관되어야 함
Time-frame (시간 구조성) Time-bounded(기한내)	목표는 명확한 달성 시점을 포함해야 함. "3개월 이내에", "프로그램 종료 시점까지", "2025년 12월 31일까지" 등 구체적인 시간 프레임을 제시함으로써 진행 상황을 모니터링하고 평가할 수 있음

출처: 정무성(2017). 재구성

① 과정 목표와 성과 목표

프로그램의 하위목표는 크게 두 가지 관점에서 이해할 수 있다. 첫째는 '무엇을 달성할 것인가'에 초점을 둔 목표이고, 둘째는 '어떻게 달성할 것인가'에 초점을 둔 목표이다(Kettner et al., 2022; 이민홍 외, 2024).

먼저 달성하고자 하는 최종 결과를 나타내는 목표는 성과 목표, 결과 목표, 총괄 목표 등으로 사용된다. 반면 이러한 결과를 이루기 위한 구체적 방법과 활동을 담은 목표는 과정 목표, 산출목표, 활동목표 등으로 표현되며, 목표 달성을 위한 실천 수단을 제시한다. 이러한 목표 간의 관계는 위계적 구조를 통해 정리될 수 있다(이민홍, 2024).

실제 사회복지 프로그램을 기획할 때는 성과 목퓨를 먼저 설정하는 것이 중요하다. 성과 목표란 프로그램 실행을 통해 클라이언트에게 나타나는 궁극적인 변화를 의미하며, '무엇이 얼마만큼 달성되었는가'를 명확히 보여준다. 성과목표가 정해지면, 이를 달성하기 위해 필요한 활동의 범위와 정도를 과정 목표로 구체화한다. 과정 목표는 프로그램이 진행되는 각 단계마다 설정되는 세부 목표입니다. 이는 최종 성과 목표에 도달하기 위한 중간 지점의 이정표 역할을 하며, 프로그램이 올바른 방향으로 진행되고 있는지 점검할 수 있게 해준다(박용권, 2025).

〈표 5-3〉 과정목표 및 성과목표 기술 예

과정목표 사례 : 활동 횟수	성과목표 사례 : 바람직한 미래 상태
가. 마음열기 워크숍을 월 1회 실시한다.	가. 자아존중감을 향상한다(20%처럼 수치를 제시할 수도 있음)
나. 표현예술 창작활동을 주 2회 실시한다.	나. 자기효능감을 향상한다.
다. 부모상담을 주 2회 실시한다.	다. 가족관계기능을 향상한다
라. 자기성장보고서를 주 1회 작성한다.	라. 스스로 기획하는 능력을 향상한다.

출처: 이민홍 외(2024).

② 산출목표와 성과목표

프로그램이 성공적으로 운영되었는지를 판단하기 위해서는 산출목표와 성과목표를 활용한 평가가 필요하다. 산출목표는 프로그램 운영 중에 제공된 서비스나 활동의 양을 측정하는 지표를 의미한다. 예를 들어 '프로그램에 참여한 이용자 수', '제공된 상담 횟수', '실시한 교육 횟수' 등이 쓰이는 산출목표이다. 이는 계획했던 활동들이 실제로 얼마나 충실하게 실행되었는지를 확인하는 데 사용되며, 프로그램의 이행 정도를 파악할 수 있게 한다.

반면 성과목표는 프로그램 참여를 통해 나타난 실질적인 변화의 정도를 나타낸다. 이는 단순히 서비스를 제공했다는 사실을 넘어서, 참여자들에게 어떤 의미 있는 변화가 일어났는지에 주목하는 것이다. 구체적으로는 참여자의 지식 향상, 태도 개선, 기술 습득, 행동 변화 등과 같은 질적이고 지속 가능한 변화를 측정한다. 결국 산출목표가 '프로그램을 제대로 운영했는가'를 보여준다면, 성과목표는 '프로그램이 실제로 효과가 있었는가'를 증명하는 핵심 지표인 것이다. 따라서 성과목표는 해당 프로그램이 왜 필요한지, 어떤 가치를 창출하는지를 설명하는 가장 중요한 목표라고 할 수 있다(박용권, 2024. 재구성).

<표 5-4> 과정목표 및 성과목표 기술 사례

구 분	산출목표	성과목표
정의	재공해야 하는 서비스의 양과 형태 설정	서비스로 인한 대상자의 변화설정
측정	활동 횟수, 참여자 수 등 양적 측정	행동, 인식, 기능 변화 등 질적·양적 측정
평가시기	프로그램 수행 중, 즉시 확인 가능	프로그램 후 장기적 추적 필요
목적	서비스 제공의 최소 기준 설정	프로그램 효과성과 성공 판정 기준
예시	6개월동안 100명에게 60분 체조 제공	참여 노인의 80%가 신체 균형 10% 향상

③ 기관 목표와 활동 목표

기관목표는 특정 프로그램을 실행하는 주체인 기관의 입장에서 설정되는 목표로서, 자원을 획득하거나, 서비스 절차를 수행하는 것 등과 같이 프로그램의 목적(영향목표) 달성에 간접적으로 지원하는 역할 목표이다. 활동목표는 프로그램의 실행과정에서 사회복지사가 효과적인 개입을 위해 스스로 설정하는 실제 개입활동 중심의 목표이다. 활동 목표는 '구체적으로 어떤 서비스를 어느 정도로 제공할 것인가'를 나타낸다. 이러한 기관 목표와 활동 목표는 프로그램의 세부적인 실행 단계를 나타내는 과정 목표나 더욱 구체적인 행동 지침인 하위목표로 이해될 수 있다(박용권, 2025; Royse et al., 2016).

그러나 기관 목표와 활동 목표는 프로그램이 궁극적으로 달성하고자 하는 클라이언트 중심의 상위목표 또는 주목표로 다루어져서는 안된다. 예를 들어, '10명의 사례관리 대상자를 확보한다'는 목표는 사회복지사가 효과적인 사례관리를 위해 설정한 활동 목표이며, '클라이언트에게 상담 서비스를 제공한다'는 목표는 기관이 제공하는 서비스의 내용을 명시한 기관 목표이다(박용권, 2025; Rubin & Babbie, 2016).

기관 목표나 활동 목표는 상위목표 달성을 위한 수단적 위치에 있으며, 프로그램의 최종적인 성공 여부는 클라이언트의 긍정적인 변화를 측정할 수 있는 상위목표 달성 여부에 달려 있다고 할 수 있다(박용권, 2025).

④ 영향 목표와 이용자(소비자) 목표

프로그램 단위가 지역사회(자자체) 및 국가 수준인 경우에는 영향 목표와 소비자 목표를 사용하기도 한다(이민홍 외, 2024; Kettner et al., 2023). 영향 목표는 성과 목표와 유사한 형태로 프로그램이 궁극적으로 지역사회나 전체 클라이언트 집단에 미치는 장기적인 변화나 초점에 맞춘다. 예를 들어, 청소년 자살예방 프로그램의 영향목표는 '지역사회 청소년 자살율 감소'와 같은 사례이다.

이용자(소비자) 목표는 과정(산출)목표와 유사한 개념으로 얼마나 많은 수의 클라이언트가 서비스를 이용하도록 할 것인가를 정하는 목표이다. 예를 들어 다문화가정 가족캠프 프로그램을 실시할 경우 해당 서비스 지역에 100가정이 있으며, 이중 20가정이 혜택을 목표로 제공한다면 이용자 목표는 20%인 것이다.

5) 목표 진술 방법

목표 진술 방법은 앞서 설명했듯이 ① 참여자 ② 문제 및 욕구 ③ 도구(방법) ④ 방향 4가지 요소를 포함해야 한다. 다음 〈표 5-5〉는 프로그램 목적, 목표, 하위(세부)목표 등을 설명하는 사례이다.

<표 5-5> 프로그램 목표 진술 사례

목 적	목 표	산출목표	성과목표
진로지원체계 부재로 진로성숙도 및 진로연계 취업률이 저하된 저소득 청소년들의 진로지원 개발 네트워크 지원사업	1. 컨소시엄을 통한 사업 활성화 유도	1-1. 진로지원 실무자 네트워크 출범식 1회 진행	진로교육 컨소시엄 구축을 위한 기초 마련
		1-2. 직업훈련(체험)기관 30곳 이상 개발	청소년에게 진로훈련(체험) 경험 기회제공
	2. 네트워크 설립으로 진로관련 인식 증진	2-2. 직업교육 네트워크 단체 15곳 개발	청소년의 진로선택을 위한 재정확보
		2-3. 월 5건 외부홍보 진행	지역주민의 진로교육 인식 증진
	3. 저소득 청소년 대상 교육 및 지원을(사례관리) 통한 진로성숙	3-1. 저소득 청소년 30명 대상 진로지원(교육,체험활동 등) 활동 90건 이상 실시	청소년의 자아탐색, 직업탐색, 진로성숙 향상
		3-2. 진로개발을 위한 연합캠프 1회 실시	청소년의 자아탐색, 직업탐색, 진로성숙 향상
		3-3. 진로교육 전문가 및 전문 봉사자 40명 모집, 교육	진로교육 전문가, 봉사인력 확보
		3-4. 저소득 청소년 사례발굴 및 사례관리 월20회 실시	사각지대 청소년 사례 발굴 및 관리
		3-5. 진로탐색 매뉴얼 개발을 위한 TF팀 구성 및 월 1회 이상 간담회 진행	진로탐색 매뉴얼 보급으로 서비스의 품질 향상

6) 목적 및 목표 분화 방법

목적을 목표로 분화하거나, 목표를 상과 목표로 분화하는 방법에 대해 살펴보고자 한다.

① 목적을 목표(상위목표, 성과목표)로 분화하는 방법

프로그램에서 해결하고자 하는 문제나 욕구에 따른 '변화내용'을 하위 차원의 목표로 분화한다.

• 목적

: 저소득 가정 아동에게 공부방을 제공하여 방과 후 안전한 보호 및 학습을 증진하고 방임 또는 위기 상황 노출을 예방함으로써 발달과업에 따른 전인적인 발달을 지원하며, 보호자의 양육 부담을 감소시켜 저소득 가정의 역량을 강화한다.

• 목표

1) 방과후 안전한 보호양육을 증진한다.
2) 학습태도 및 학업성취도를 향상시킨다.
3) 여가활동을 통해 특기를 개발하고 안정적 정서발달을 도모한다.

또는 변화내용을 이론적 차원에서 분화하여 하위목표로 구성하는 방법도 가능하다. 즉 목표를 기술할 때 요소들을 하나씩 분리하여 제시한다.

• 목적

: 진로탐색 캠프를 통해 청소년들이 자신에 대한 이해를 바탕으로 흥미와 꿈을 발견할 수 있도록 도와주고, 긍정적인 미래를 설계할 수 있도록 한다.

• 목표

1) 진로탐색 집단프로그램을 실시한다.
2) 스트롱 검사 및 진로성숙도 사전검사를 실시하다.

② 성과목표를 산출목표로 분화하는 방법

성과목표 달성을 위하여 선행되어야 할 활동의 양을 중심으로 산출목표를 분화한다. 이때 산출목표와 논리적 연계성을 갖도록 기술되어야 한다.

• 성과목표 : 다문화 아동의 체육.미술.음악 분야별 역량 강화 및 사회성 증진
• 산출목표
 - 참여 아동 체육활동 연 32회 실시한다.
 - 참여 아동 미술활동 연 32회 실시한다.
 - 참여 아동 음악활동 연 32회 실시한다.

③ 성과목표를 과정목표로 분화하는 방법

성과목표를 과정목표로 분화하기 위해서는 성과목표를 달성하기 위해 필요한 활동과 단계들을 정의해야 한다. 이때는 성과목표가 달성되기 위해 필요한 구체적인 행동과 절차를 설정하는 것이다. 과정목표는 프로그램의 실행에 초점을 맞춘 목표로, 성과목표를 이루기 위한 준비와 진행 단계를 포함한다.

• 성과목표 : 청소년의 자아탐색, 직업탐색, 진로 성숙도를 향상한다.
• 과정목표
 - 진로지원(교육, 체험활동 등) 활동 90건 이상 실시한다.
 - 진로개발을 위한 연합캠프 1회 실시한다.
 - 진로탐색 매뉴얼 개발을 위한 TF팀 구성 및 월 1회 이상 간담회를 진행한다.

제6장. 프로그램 설계하기

사회문제를 파악하고, 욕구를 분석해서 목적과 성과목표, 세부목표를 세웠다면 다음에는 구체적인 프로그램 내용을 기획해야 한다. 즉, 프로그램 기획자는 왜(Why), 무엇을(What), 누구를(Whom) 위해서인지가 확정되어 기획되었다면, 이제는 목적을 달성하기 위해 어떻게(HOW) 해야할 지에 대한 구체적인 프로그램 자원투입계획(예산, 인력, 자원 등)이 필요하다. 이 단계에서는 프로그램 활동 내용과 수행 방법에 대한 개입 전략을 선정하고 조직화하기 위해 프로그램 가설을 설정하게 된다. 프로그램 가설 설정은 프로그램 개입 전략이 표적 집단 문제해결 및 욕구 충족에 논리적인 관계가 있는지를 검토하는 절차이며, 세부 활동과 자원들이 무엇인지를 제시해야 한다.

1. 프로그램 개입 전략의 개발

프로그램 목표가 '무엇'이 변화될지를 구체적으로 제시하는 것이라면, 프로그램 개입 전략은 이를 '어떻게' 실천에 옮기는 것인지까지를 포괄하는 것이다. 목표와 이를 실현하기 위한 개입 기술 간의 관계는 논리적 구조, 즉 로직 모델에서의 '활동(activity)'과 직접적 연관이 된다.

1) 프로그램 이론과 가설 설정

이론이란 현상에 대한 설명이다. 프로그램 이론은 특정 사회적 문제나 욕구가 발생하는 원인과 이 문제를 해결하거나 완화하기 위한 개입이 어떻게 작용하여 기대하는 변화를 만들어내는지에 대한 논리적 설명을 말한다. 즉, 프로그램 이론은 프로그램이 작동하는 원리를 밝히며, 이를 통해 프로그램의 각 단계가 어떤 근거에 따라 구성되고 연결되는지 제시해 준다(박용권, 2025).

학교폭력 가해 학생에 대한 개입 프로그램 이론의 예를 들면, "학교폭력 가해 학생의 참여를 통한 역량강화 프로그램 이론은 인지-행동주의적 모델을 활용해 청소년들의 행위 속에서 사고방식이나 신념, 태도 그리고 견해들을 변화시킴으로써 바람직한 행동을 성취하도록 도울 수 있다는 가정에서 출발한다.

따라서 자기주장훈련, 자기 지시훈련, 문제해결 기술훈련, 분노 통제훈련은 공격성 감소, 혹은 청소년 행동치료 등을 통해 가해 청소년이 자기 행동을 스스로 통제할 수 있다".

프로그램 활동과 개입단위 설정과 관련하여 〈표 6-1〉의 질문들을 고려하여 프로그램 설계 시 활동과 성과의 관계가 논리적으로 연결될 수 있도록 해야 한다(박용권, 2025).

〈표 6-1〉 프로그램 가설 설정을 위한 검토 질문들

구 분	내 용
욕구와 문제분석의 이론적 근거 확인	1. 표적집단의 주요 문제 또는 욕구는 무엇이며, 이 문제를 설명하는 기준 이론이나 연구는 어떤 것들이 있는가? - 관련이론(사회자본이론, 애착이론, 스트레스 이론 등)은 무엇인가? - 이 문제에 대한 기존 경험적 연구결과는 어떠한 내용을 제시하고 있는가? 2. 표적집단에서 나타난 문제의 근본적 원인은 무엇인가? - 표적집단의 문제가 개인, 가족, 지역사회 혹은 정책 수준 중 어떤 차원에서 발생하는가? - 이 문제의 발생 기제를 설명할 수 있는 이론적 모델이나 사례연구는 무엇인가?
활동과 성과간의 이론적 연계성	1. 선택한 프로그램 활동은 표적집단의 욕구와 어떻게 연결되는가? - 활동이 문제나 욕구 해결에 효과적인 이유는 무엇인가? - 선택한 활동의 타당성을 뒷받침하는 기존 이론적 근거는 무엇인가? 2. 활동이 성과를 창출하는 구체적 인과경로(causal pathway)는 무엇인가? - 활동이 어떤 매카니즘을 통해 변화를 유도하는가(지식, 태도, 행동변화)? - 이 매카니즘의 타당성을 뒷받침하는 선행연구나 실천적 사례는 무엇인가?
개입단위 및 지역사회 특성 고려	1. 프로그램이 적용되는 개입 단위는 누구이며, 이 단위가 선택적 이론적 근거는 무엇인가? - 개인, 가족, 집단, 지역사회 중 어떤 개입 단위를 선택하였으며, 그 이유는? - 개입 단위의 효과성을 뒷받침하는 이론이나 경험적 근거는 무엇인가? 2. 지역사회 환경과 특성이 프로그램 개입에 어떤 영향을 미칠 것인가? - 지역사회 특성(문화적 특성, 경제적 조건, 자원 활용 가능성 등)이 프로그램의 실행과 효과에 미치는 영향은 무엇인가?

출처: 박용권(2025).

프로그램 이론으로부터 도출되는 프로그램 가설은 "if～then"(만약～한다면, ～할 것이다) 의 인과관계로 설명될 수 있다.

프로그램 가설은 '만약 ○○개입(활동)이나 서비스가 제공된다면 ○○문제가 향상될 것이다(증가/감소/개선될 것이다)'와 같은 형식으로 기술된다. 이 과정에서 결과(바람직한 상태)와 이를 가능하게 하는 서비스 기술 간의 관계를 설명할 수 있는 프로그램(실천) 이론이 필요하다. 프로그램(실천) 이론은 바람직한 상태와 수단(개입전략)간의 관계를 설명한다. 모든 프로그램은 구체적 수준이 아니더라도 기본적으로 프로그램 이론이 필요하다(이민홍 외, 2024).

프로그램 가설은 다음과 같은 핵심 질문들에 대한 논리적 답변으로 구성된다(박용권, 2024; Kettner et al., 2023).

- 표적집단이 경험하는 문제의 근본적인 원인은 무엇인가?
- 어떤 개입이 이러한 문제를 가정 효과적으로 해결할 수 있는가?
- 개입 이후 어떤 변화가 기대되는가?

프로그램 가설 설정은 프로그램 목적 및 목표 단계별로 문제-개입(수단)-성과(결과) 간의 논리를 기반으로 한다. 또한 어떤 결과가 기대되었는지를 미리 명시함으로써, 프로그램이 성공적인지를 판단하는 기준을 제공한다. 특히 프로그램 가설은 기존 연구 및 자료에 기반하여 설정되어야 한다는 점이다(박용권, 2025).

2) 대안 선택모형과 선택 기준

프로그램 개입 전략에서 클라이언트의 모든 욕구를 수용할 수는 없다. 클라이언트의 요구 사정(assessment)을 통해 확인된 욕구 중 목적과 목표에 합당한 내용을 중심으로 기관의 여건과 실제 수행이 가능한 내용을 선정한다(정무성, 2017). 이 때 대안 선택을 위한 의사결정을 통해 개입전략 및 서비스를 결정하게 된다. 가장 자주 활용되는 의사결정 이론이 점증주의 모형, 포괄적 합리주의 모형, 제한적 합리주의 모형이다.

(1) 점증주의 모형

기존 프로그램을 중심으로 각 프로그램의 증가분과 여러 사회적 압력에 의해 필요해진 변화만을 고려해 대안을 구상하고 선택하는 것이다(정무성, 2017).

예를 들어, 발달장애 아동을 대상으로 사회성 증진을 위한 예·체능 프로그램을 진행했다면, 이들이 청소년으로 학년이 올라가게 되면서는 기존 사회성 증진 프로그램 외에 지역사회 네트워크 통합을 위한 기반 마련을 위한 프로그램을 확대할 수 있다.

(2) 포괄적 합리주의 모형

점증주의와는 반대로 목표 달성을 위한 모든 가능한 대안을 찾는다. 즉, 대안 전략 개발과 선택을 위한 자료 수집, 자료 분석, 그리고 대안의 선택 과정으로 이루어진다. 합리모형을 기술방법론적 시각이라고도 한다. 예를 들어 경계선 지능인 아동의 맞춤형 돌봄 지원 프로그램을 실시한다고 가정할 때, 먼저 경계선 지능인 아동 현황조사 및 욕구 조사를 실시 한다. 이를 통해 인지 학습, 사회 적응훈련, 양육자 지원 등의 문제 및 욕구를 찾게 되었다면 선정한 욕구를 대처하기 위한 모든 서비스 대안들을 나열하고 각각의 서비스 대안이 욕구에 미칠 수 있는 영향의 총합을 계산하여 우선순위를 매기는 방법이다.

(3) 제한적 합리주의 모형

제한적 합리주의 모형은 욕구와 대안을 선택하는 체계적인 방법에서는 포괄적 합리주의 모형을 취하지만, 욕구와 대안 범위를 한정한다는 점에서 차이점이 있다. 제한하는 방법으로는 사업 수행 시간, 목표 달성 정도 등 최적의 방법보다는 실행가능하고 수용할 수 있는 대안을 찾는다. 예를 들어 아동학대 예방 프로그램을 수행하는 데 있어 현실적 대안은 부모교육 프로그램, 학교 연계 아동 안전교육, 지역사회 인식개선 캠페인, 고위험 가정 조기발견 체계마련 등이 있을 수 있지만 제약 조건을 고려해 학교 연계 안전교육+부모교육 병행, 기존 학교 인프라 활용 등을 선택해 프로그램을 실시할 수 있다.

이상의 의사결정 모형에 있어 사회복지 현장에서는 상황에 따라 아래와 같이 적절한 모형을 선택하거나 혼합하여 사용할 수 있다. 따라서 각 모형의 장단점을 이해하고, 조직의 상황과 문제의 성격에 맞는 의사결정 방식을 선택하는 것이 중요하다.

- 긴급한 문제나 자원이 매우 제한 적인 경우 : 점증주의 모형
- 새로운 프로그램 개발이나 장기 계획 수립 : 포괄적 합리주의 모형
- 일상적 의사결정이나 중간 규모 프로젝트 : 제한적 합리주의 모형

3) 개입 전략의 선택 기준

개입 전략 대안들의 비교 검토에서 주로 사용되는 기준은 타당성과 실행 가능성으로 구분된다. 타당성은 효과성, 효율성, 적합성, 형평성, 평등성 등으로 대안들을 비교 분석한다. 실행 가능성은 기술적 실행 가능성, 경제적 실행 가능성, 이용자 확보 가능성, 사회 윤리적 실행가능성, 정치적 실행 가능성 등으로 검토하게 된다(이민홍 외, 2024).

(1) 타당성 기준

① 효과성(effectiveness)

목표 달성의 총량에 기여한 정도를 의미한다. 효과성은 프로그램을 위해 투입한 인적 및 물적 자원에 관계없이 프로그램 목적 달성 정도가 높을수록 가장 바람직한 대안으로 선정하게 된다.

② 효율성(efficiency)

프로그램 성과를 달성하는 대안별로 투입되는 비용을 비교해서 타당성을 평가하는 기준이다. 동일한 성과를 달성하는 데 비용이 적게 소요되는 대안이 효율성 평가 기준에서 타당성이 높다고 판단한다. 따라서 효율성은 각 제안된 대안들의 투입(비용)/산출의 비율을 계산함으로써 측정된다(정무성, 2017)

③ 적합성(adequacy)

적합성은 프로그램이 얼마나 표적체계 문제를 잘 해결하거나 욕구를 잘 충족시킬 수 있는가로 평가하는 기준이다. 긍정적 변화가 클라이언트 욕구나 문제 차원에서 충분한지를 본다. 따라서 프로그램을 통해 제공되는 서비스가 클라이언트 욕구를 충족시키기에 충분할 만큼 적절히 제공되는가를 측정하게 된다.

④ 형평성(equity)

형평성은 공평성이라고도 불린다. 일반적으로 동등한 조건을 갖추고 있는 사람들을 동등하게, 동등하지 않은 조건을 갖추고 있는 사람들을 동등하지 않게 대응하는 것을 의미한다.

⑤ 평등성(equality)

평등성은 같은 조건의 개인들에게 얼마나 같은 질과 양의 서비스를 균등하게 제공하고 있느냐를 묻는다. 즉, 결과에서의 공평성을 보장하는 것을 의미한다.

(2) 실행 가능성 기준

① 기술적 실행 가능성

개입전략이 문제해결이나 욕구 충족의 대안으로 채택되었더라도, 실제로 해당 전략이 기술적으로 실행 가능한지를 먼저 검토해야 한다. 이는 대안별로 필요한 전문인력, 장비, 물리적 공간 등 자원들이 현장에서 확보 가능한지를 평가하는 과정이다.

② 경제적 실행 가능성

경제적 실행 가능성은 프로그램을 위해 제한된 대안의 집행에 얼마나 비용이 들며, 누가 그 비용을 부담할 수 있는지를 점검한다. 기술적으로 실행할 수 있는 전략이라도 과도한 인건비나 시설비가 소요된다면 실행 가능성은 낮아진다.

③ 이용자 확보 가능성

프로그램은 설정된 표적집단이 실제로 프로그램에 참여할 수 있어야 효과를 기대할 수 있다. 실제 사회복지 현장에서 우수한 프로그램을 개발했지만. 참여자를 확보하지 못해 프로그램을 실행하지 못하는 사례도 있다.

④ 사회윤리적 실행 가능성

프로그램 대안이 사회적 정서나 윤리적 측면에서 실행하는 데 문제가 없어야 한다. 대안에 따라 기술적 및 경제적 측면에서 실행할 수 있어도, 사회 통념이나 윤리적 원칙에 위배 된다면 실행하지 못할 수 있다. 대안이 사회적으로 윤리적으로 수용 가능한 지를 철저히 분석하는 것이 필요하다.

⑤ 정치적 실행 가능성

정치적 실행 가능성은 개입 전략이 이해관계 집단으로부터 정치적 지지를 받을 수 있느냐인가이다. 이는 해당 전략이 사회복지 조직의 설립 목적과 프로그램 재정을 지원하는 민간 및 공공기관, 법령 및 지침 등의 측면에서 부합하는지를 평가하게 된다.

2. 프로그램 내용 구성

1) 프로그램 내용 선정 기준

사회복지 프로그램을 구성하는 핵심 요소 중의 하나는 어떤 활동, 즉 어떤 프로그램 내용을 포함시킬 것인가이다. 프로그램 내용은 목표 달성과 참여자의 경험을 모두 고려하여 신중하게 선정해야 한다. 선정 기준을 살펴보면 다음과 같다(이민홍 외, 2024; 정부성, 2017: 박용권, 2025).

(1) 합목적성

합목적성은 프로그램 내용이 프로그램을 통해 달성하고자 하는 목표와 논리적으로 연계성을 갖고 있어야 함을 의미한다. 즉, 목적과 목표를 달성하는 데에 부합하는가? 프로그램의 이론에 근거하여 프로그램 내용을 선정하였다면 목적과 목표에 일치할 수 있다(조성우 외, 2021).

각 활동은 해당 프로그램이 해결하고자 하는 문제와 직접적으로 관련되어야 하며 그 문제 해결에 도움이 되어야 한다.

(2) 동기유발

프로그램 참여자의 적극적인 참여를 이끌어내기 위해서는 활동이 참여자의 흥미를 자극하고, 자발적인 참여 동기를 유발할 수 있어야 한다. 클라이언트가 프로그램의 필요성과 가치를 인식하고 참여하고자 하는 의지를 가질 때, 프로그램의 효과는 극대화된다.

(3) 실행 가능성

활동은 이론적으로 바람직하더라도 현실에서 실제로 실행 가능해야 한다. 즉, 참여자의 특성과 가치관, 기관의 인적·물적 자원, 지역사회 차원 등을 고려하여 실제 현장에서 실행 가능한지를 확인해야 한다.

(4) 포괄성(다양성)

하나의 목표를 달성하기 위해 단일한 활동만이 아닌, 다양한 접근을 통해 여러 활동을 제공하는 것이 효과적이다. 이때 동일한 목표를 달성하기 위해 제공되는 프로그램 내용들은 상호관련성이 있어야 한다. 예를 들어 가족 유대감 강화를 목표로 할 경우, 집단 상담과 가족문화체험은 각기 다른 방식이지만 모두 가족 간의 긍정적 관계 형성을 위한 공통된 목표이다.

(5) 현실성(실용성)

프로그램 내용은 사회적 맥락에서 실제로 적용가능해야 한다. 프로그램 활동의 수행으로 인하여 실제 사회생활과 일반적 문화생활 속에서도 적용할 수 있어야 한다. 현실 세계에서도 적합해야 함은 실용성이라고 표현되기도 한다. 예로 정신장애인을 대상으로 하는 사회재활 프로그램이면 프로그램 내용에서 정신장애인이 실제로 대중교통이나 관공서를 이용할 수 있도록 공육과 훈련이 구성되어야 한다(황성철, 2005).

(6) 지역성

프로그램은 일반적으로 특정한 지역의 주민을 대상으로 하므로, 활동 내용을 지역의 문화, 인구 특성, 산업 구조, 지리적 여건 등과 연계시겨야 한다. 동일한 프로그램이라도 도시와 농촌에서 수행될 경우, 내용 구성에 차이가 있어야 하며, 이러한 지역 특성을 반영할 때, 프로그램 효과는 더욱 커진다.

(7) 효율성

프로그램 내용으로 선정되기 위해서는 대안이 얼마나 능률적이고 시간적 및 경제적으로 효율적인지 검토해야 한다(정무성, 2014), 프로그램에서 개입하고자 하는 문제 및 욕구를 해결하는 데 적합하고 효율적인 방법을 선택해야 한다.

3. 프로그램 활동 계획 설계

프로그램 활동 계획은 프로그램의 목표를 효과적으로 달성하기 위한 구체적인 실행 방안을 반영해야 한다. 성공적 프로그램 활동 계획 설계에서 7가지 기본요소를 살펴보면 〈표 6-2〉와 같다.

〈표 6-2〉 프로그램 활동 계획 기본 요소

기본 요소	주요 내용
1. 무엇을 해야 하는가 : what(활동내용과 제목)	①프로그램 종류별(분야별) ②프로그램 제목 ③기본적으로 포함해야 할 내용(프로그램 순서 윤곽)
2. 왜 해야 하는가?: why (성고목표)	①프로그램 목적 ②프로그램 주제(표어) ③프로그램 주안점
3. 언제 해야 하는가 : when (시행시기, 시행빈도)	①기간(--부터—까지) ②시행빈도(횟수) ③소요 시간(예:90분)
4. 어디서 해야 하는가:where (프로그램 활동 공간)	①제1후보 장소 ②제2후보 상소: 우천시나 급변 사항 대비
5. 누가 하는가 ? (수행인력)	①주최, 주관, 후원 ②준비위원 ③책임자, 강사, 초청인사 ④자원봉사자
6. 누구를 위해서 하는가:for whom (핵심참여자, 주변참여자)	①참여지 성격 ②참여자 인원
7. 어떻게 집행해야 하는가:how (프로그램 절차 및 세부내용)	①업무분장 ②순서 세부내용(세부방법) ③예산 수립 ④홍보방법 ⑤보고서 및 참고자료 출간 계획

출처: 김진화(2005)

프로그램을 구성하는 요소 중에서 활동의 내용과 실행방법은 특히 핵심적인 부분이다. 이러한 활동들은 프로그램이 추구하는 목적과 목표를 기반으로 체계적인 계획과 준비 과정을 거쳐야 한다. 아래 그림은 성과목표를 바탕으로 구체적인 활동 내용을 어떻게 설계할 수 있는지 보여주는 사례이다. 프로그램의 세부 활동을 기획할 때는 반드시 해당 프로그램의 목적 및 목표와 논리적 연결고리를 가져야 한다. 또한 개별 활동과 목표 간에 명확한 인과관계가 형성되도록 구조를 설계하는 것이 필요하다.

<표 6-3> 목표와 프로그램 활동과의 연계 사례

성과목표	산출목표	프로그램	활 동
청소년의 자아탐색, 직업탐색, 진로성숙 향상	저소득 청소년 30명 대상 진로지원(교육, 체험활동 등) 활동 90건 이상 실시	진로교육 및 훈련(체험) 활동	청소년대상 진로교육 총 10회기 진행 - 프로그램 오리엔테이션 - 자기소개 및 친밀감 형성 - STRONG 검사.. - 사전검사(자아정체감, 진로성숙도) - 모둠약속 정하기 및 마무리 - STRONG 결과해석 - 유형별 활동
진로교육 전문가, 봉사인력 확보	진로교육 전문가 및 전문 봉사자 40명 모집, 교육	전문가 보수(양성) 교육	- 진로탐색과 관련한 학교 교사, 사회복지 전문가 그리고 이와 관련한 봉사를 전문적으로 희망하는 대학생을 중심으로 총 10회기의 교육을 진행
사각지대 청소년 사례 발굴 및 관리	소득 청소년 사례발굴 및 사례관리 월 20회 이상 실시	실무자 모임 사례관리 진행	- 저소득 청소년의 사례관리를 통해 기초적인 생활의 문제를 해결 - 사례관리 내용 중 요구되는 학습지도, 진로탐색교육, 특기지원금 등의 외부 자원을 판정회의를 통해 지급

위 예시에서 프로그램 계획 단계에서 각 활동을 특정 성과목표 하나에만 연결시키는 경우가 많지만, 단일 활동이 여러 성과 목표 달성에 동시에 기여할 수 있다. 효과적인 프로그램 설계를 위해서는 다음과 같은 논리적 연결구조를 고려해야 한다.

첫째, 개별 활동을 실행하면 구체적인 산출물이 만들어진다. 둘째, 이러한 산출물이 목표했던 수준에 도달한다. 셋째, 충분한 산출 결과가 축적되면 최종 성과목표가 달성된다.

이처럼 '활동 → 산출 → 성과'로 이어지는 단계별 연계성을 명확히 설정하여 프로그램을 기획하는 것이 중요하다.

〈표 6-4〉는 사회복지 프로그램 제안서의 사례를 통해 프로그램 활동계획 설계에서 고려해야 할 기본 요소들이 적용된 형태의 사례를 제시하였다.

〈표 6-4〉 프로그램 세부사업 내용 사례와 기본 요소

성과목표	프로 그램명	활 동 (수행방법)	시행 시기	수행 인력	참여 인원	시행 횟수 시간
발달장애청소년의 체육·미술·음악 분야별 역량 강화	문화체육 활동	·스포츠교실 - 교과체육 형식의 실용적인 특수체육활동/훈련 ·미술교실 - 한지공예 기법 교육 및 작품제작활동/훈련 ·음악교실 - 집단음악치료 형식의 합주, 합창활동/훈련	3-6월 (1학기), 9-12월 (2학기)	사회 복지사, 강사, 자원 봉사자	과목별 8명 (총24명)	과목별 주 1회, 1.5시간
왜 하는가?	무엇을 하는가?	어떻게 / 어디서 하는가?	언제 하는가?	누가 하는가?	누구를 위해?	언제 하는가?

출처: 이빈홍 외(2024). 재구성

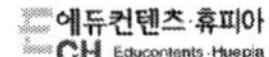
에듀컨텐츠·휴피아
ECH Educontents·Huepia

제7장. 프로그램 개입에 필요한 자원 설계하기

앞 장에서는 사회복지 프로그램을 설계하는 데 필요한 주요 구성요소들을 살펴보았다. 이번 장에서는 프로그램을 실제로 운영하는데 있어 필요한 자원의 개념을 이해하고, 자원을 효과적으로 확보하고 운용하는 방법을 알아보고자 한다.

프로그램 실행에 필요한 자원을 체계적으로 설계하는 것은 프로그램 목적을 달성하기 위한 실질적 토대를 구축하는 일이다. 이는 프로그램의 효율적 운영과 장기적 지속성을 보장하는 핵심적인 작업이라 할 수 있다.

구체적으로 이번 장에서는 프로그램 자원의 개념, 인력 구성 방법, 그리고 예산 수립 과정을 중심으로 학습하고자 한다.

1. 프로그램에서의 자원에 대한 이해

1) 프로그램 자원의 개념

사회복지 프로그램 자원이란 프로그램을 기획하고 실행하는 데 필요한 모든 투입 요소를 의미한다. 아무리 잘 설계된 프로그램이라도 이를 실행할 자원이 부족하면 의도한 목표를 달성하기 어렵다. 따라서 자원에 대한 체계적인 이해와 관리는 프로그램의 성공을 좌우하는 핵심 요인이라 할 수 있다.

자원의 사전적 의미는 인간의 생활 및 경제생산에 이용되는 물적 자료, 즉 인간의 삶을 영위하는 데 필요한 환경적·물질적·정신적·사회적·인적 요소 등을 총괄하는 개념이다. 구체적으로 사회복지자원은 인간의 사회적 욕구를 해결하기 위한 가치재를 총칭하는 개념으로서, 인간과 환경의 상호작용 과정에서 발생하는 욕구를 해결하기 위한 유형·무형의 제요소를 포괄한다.

2) 프로그램 자원의 범위

프로그램 자원은 단순히 예산만을 의미하는 것이 아니다. 프로그램을 운영하는 인력, 활동 공간, 필요한 장비와 물품, 협력 네트워크 등 프로그램 실행에 동원되는 모든 유형·무형의 요소가 포함된다. 로직 모델(logic model)의 관점에서 보면, 투입(input) 요소가 바로 프로그램 자원에 해당한다. 즉, 프로그램 자원에는 재정, 인력, 시설, 설비, 물품, 정보 등이 포함된다.

3) 프로그램 자원의 유형

사회복지 프로그램 자원은 크게 두 가지 기준으로 분류할 수 있다. 첫째는 자원의 성격에 따른 전통적 분류 기준이며, 둘째는 서비스 공급 주체에 따른 분류 기준이다.

(1) 자원의 성격에 따른 분류

① 인적자원

인적자원은 프로그램을 직접 수행하는 사람과 관련된 자원으로, 프로그램의 핵심 서비스를 제공하는 주체이다. 인적자원은 다시 공식적 자원과 비공식적 자원으로 구분할 수 있다.

공식적 인적자원은 프로그램에 공식적으로 참여하여 전문적인 서비스를 제공하는 인력을 말한다. 여기에는 프로그램 참여자, 사회복지사, 수퍼바이저, 외부 자문위원, 자원봉사자, 상담사, 치료사 등의 전문가가 포함된다. 이들은 각자의 전문 영역에서 프로그램의 목표 달성을 위해 체계적이고 계획된 서비스를 제공한다.

비공식적 인적자원은 프로그램 대상자를 둘러싼 자연적 지지체계를 의미한다. 가족, 친구, 직장동료, 이웃, 모임회원 등이 여기에 해당하며, 이들은 정서적 지지, 일상생활 지원, 정보 제공 등을 통해 프로그램의 효과를 높이는 데 기여한다.

② 물적자원

물적자원은 프로그램 운영에 필요한 유형의 자산을 말하며, 현금과 현물로 구성된다. 특히 재정자원은 프로그램 운영의 기반이 되는 자원으로, 정부 지원금, 후원금, 사업수입(서비스 이용료, 회비), 기관 자체 재원 등이 포함된다. 안정적인 재정확보는 프로그램의 지속성과 질을 보장하는 핵심 요소이다.

시설 및 공간은 프로그램 활동이 이루어지는 물리적 환경을 의미한다. 상담실, 교육실, 놀이공간, 체육시설 등이 여기에 해당하며, 프로그램의 성격과 대상에 따라 적절한 공간이 확보되어야 한다.

장비 및 기자재는 프로그램 진행에 필요한 각종 기기와 도구를 말한다. 컴퓨터, 프린터, 영상기기, 디지털 장비, 치료 도구 등이 포함되며, 프로그램의 전문성과 효과성을 높이는 데 기여한다.

소모품 및 재료는 프로그램 활동에 소비되는 물품으로, 교육 자료, 활동 재료, 사무용품 등이 해당된다. 차량은 방문 서비스나 이동이 필요한 프로그램에서 필수적인 자원이다.

③ 정보자원

정보자원은 프로그램 운영에 필요한 지식, 데이터, 네트워크 등 무형의 각종 정보를 총괄한다. 전문 지식 및 기술은 프로그램 설계와 실행에 필요한 이론, 기법, 노하우 등을 의미한다. 축적된 전문 지식은 프로그램의 질적 수준을 결정하는 중요한 자원이다.

클라이언트 정보는 서비스 대상자의 욕구, 특성, 변화 과정 등에 관한 정보이다. 개인정보 보호를 준수하면서도 효과적인 서비스 제공을 위해 체계적으로 관리되어야 한다.

지역사회 정보는 지역의 인구 특성, 사회문제, 자원 현황 등 프로그램 기획과 실행에 필요한 지역사회 데이터를 포함한다.

정치적 영향력 및 의지는 프로그램 추진을 위한 정책적 지지, 의사결정 권한, 조직 내 영향력 등을 의미한다.

〈표 7-1〉 프로그램의 주요 자원과 세부 내용

자원유형		예 시
인적 자원	공식	• 사회복지사, 슈퍼바이저, 프로그램 참여자, 자원봉사자, 전문강사, 실습생 • 외부 자문위원, 공무원, 경찰, 의사, 변호사 등
	비공식	• 가족, 친구, 직장동료, 이웃, 모임회원 등
물적자원		• 재정(정부보조금, 후원금, 기관 자체 재원) • 이용자 서비스 이용료, 회비 • 시설, 공간, 장비, 소모품, 기자재
정보자원		• 프로그램 및 참여자와 밀접한 법률의 제정 및 개정, 관련 정책과 사업동향 • 기존 연구조사 결과, 욕구조사 결과 보고서 • 서비스 기술, 프로그램 활용 지침

(2) 서비스 공급 주체 기준

프로그램을 효과적으로 수행하기 위해서는 지역사회 내의 다양한 서비스 공급 주체와의 협력이 필수적이다. 서비스 공급 주체에 따라 자원을 분류하면 다음과 같다.

① 공식적 자원

공식적 자원은 법적·제도적으로 공인된 조직이나 기관이 제공하는 자원을 의미한다. 공공기관, 공식 협의체, 사단법인, 재단법인, 노동조합 등이 여기에 해당한다. 또한 회원들의 이익을 위해 조직된 공식 협의회나 회원조직도 포함된다. 이들 공식적 자원은 회원들에게 직접 서비스를 제공하거나, 다른 사회체계와의 협력 역할을 수행한다. 공식적 자원의 특징은 체계적이고 지속적인 서비스 제공이 가능하며, 법적·제도적 근거를 바탕으로 안정적인 지원을 받을 수 있다는 점이다.

② 비공식적 자원

비공식적 자원은 공식적인 조직이나 제도가 아닌 개인적 관계망을 통해 제공되는 자원이다. 가족, 친구, 이웃, 동료 등이 여기에 해당한다. 비공식적 자원은 감정적 지지나 애정, 충고와 정보 제공, 금전 대여, 아이 돌보기, 서비스 안내 등 다양한 형태로 제공된다. 또한 구체적인 자원이나 서비스를 직접 제공하거나, 적절한 자원을 찾아주고 공식적 자원 및 사회자원과 연결될 수 있도록 돕는 역할을 한다. 비공식적 자원은 접근성이 높고 즉각적인 도움을 제공할 수 있다는 장점이 있다.

③ 사회자원

사회자원은 국가 또는 민간기관이 운영하는 전문 서비스 기관을 의미한다. 학교, 병원, 법률상담소, 직업훈련소, 복지기관 등이 여기에 해당한다.

사회자원은 일반적으로 단기적이며 특수한 필요를 충족하는 데 목적을 둔다. 대부분의 사람들은 연령이나 사회적 역할 등에 따라 여러 개의 사회자원 체계와 동시에 연결되어 있다. 프로그램을 운영할 때는 이러한 사회자원과의 협력 네트워크를 구축하여 통합적이고 포괄적인 서비스를 제공할 수 있어야 한다.

(3) 프로그램 자원의 중요성

프로그램 자원은 단순히 확보하는 것에서 그치는 것이 아니라, 효율적으로 배분하고 관리하는 것이 중요하다. 한정된 자원을 프로그램의 목표 달성에 가장 효과적으로 활용하기 위해서는 체계적인 자원 계획과 관리가 필요하다. 특히 인적자원, 물적자원, 정보자원 간의 균형 있는 배분과 공식적·비공식적·사회자원 간의 효과적인 연계가 프로그램의 성패를 좌우한다.

❖ 자원에 대해 생각해보기

지역사회 자원을 어떻게 효율적으로 활용할 것인가? 폭풍우가 몰아친 밤. 당신은 차를 몰고 시골의 어느 작은 정류장을 지나다가 애타게 버스를 기다리던 세 사람을 만난다. 첫째 사람은 생명이 위급한 할머니 둘째 사람은 예전에 당신을 구해 준 생명의 은인인 의사 셋째 사람은 꿈에 그리던 당신의 이상형의 연인 그런데 당신 차에는 단 한 사람만 태울 수 있다. 당신은 누구를 선택하시겠습니까?

2. 사회복지 프로그램에서의 인력구성

사회복지 프로그램의 내용이 결정되면 프로그램을 수행할 인력을 구성해야 한다. 수행인력으로서의 인적자원은 프로그램에서 계획한 활동을 원활하게 실행할 수 있도록 충분히 갖추어져야 할 뿐만 아니라, 각자의 역할과 전문성에 따라 체계적으로 배치되어야 한다.

프로그램 수행인력은 전체 사업을 총괄하고 책임지는 사업담당자, 담당업무에 대한 지도 및 감독을 수행하는 수퍼바이저, 프로그램 전 과정에 대해 전문적인 의견을 제공하는 자문위원, 프로그램 활동에 직접 투입되는 전문인력(예: 미술치료사, 음악치료사, 상담사 등), 프로그램을 지원하는 자원봉사자 등으로 구성된다.

1) 담당자

프로그램을 실행하고 평가하는 전 과정을 담당하게 되는 사회복지사이다. 역할 비중에 따라 주 담당자와 부 담당자로 구분되기도 한다. 사업담당자는 프로그램 서비스를 직접 제공하기도 하고, 서비스가 적합한 전문성을 갖춘 인력에 의해 수행되도록 조정하는 역할도 한다. 사업 담당자는 해당 프로그램을 전문적으로 수행하는 데 필요한 자격, 교육 이수 등의 전문성을 갖추는 것이 중요하다.

2) 수퍼바이저(supervisor)

수퍼바이저는 프로그램을 효과적으로 수행하기 위해 지도 및 감독하는 역할을 한다. 프로그램을 진행하다 보면 여러 가지 장애요소가 발생하기도 하고, 기관 내에서 협력이 필요한 상황이 생기기도 한다. 이때 수퍼바이저는 담당자가 문제를 해결하고 효율적으로 프로그램을 진행할 수 있도록 수퍼비전을 제공한다. 또한 담당자의 업무 수행 과정을 점검하고, 필요한 자원을 연결하며, 전문적 성장을 지원하는 역할도 수행한다. 수퍼바이저는 기관 내 선임사회복지사나 중간관리자 이상의 직급으로, 담당자를 수퍼비전 할 수 있는 충분한 경력과 전문성을 갖추고 있어야 한다.

3) 자문위원

자문위원은 프로그램이 의도했던 목적 및 목표를 달성할 수 있도록 모니터링과 함께 서비스 질 관리를 위한 의견을 제시한다. 자문위원은 수퍼바이저와 마찬가지로 프로그램 내용을 원활하고 효과적으로 수행할 수 있도록 제안하기도 하고, 필요시 담당자에게 구체적인 사항을 요구하기도 한다. 프로그램 자문위원은 사회복지학과 교수, 사회복지기관 기관장 및 중간관리자 등 프로그램 내용을 고려하여 관련 분야 전문가로 선정한다.

4) 프로그램 활동 전문가

프로그램을 통해 제공되는 모든 활동을 사회복지사 혼자서 수행할 수는 없다. 프로그램을 효과적으로 제공하기 위해 전문 인력(예: 의사, 간호사, 변호사,

물리치료사, 작업치료사, 언어치료사, 상담심리사 등)을 팀 체계나 협력체계로 구축하여 함께 수행하게 된다. 이들 전문가는 각자의 전문 영역에서 클라이언트에게 필요한 서비스를 직접 제공하며, 사회복지사는 이들 전문가와의 협력을 조정하고 통합적인 서비스가 제공될 수 있도록 관리하는 역할을 담당한다.

5) 자원봉사자

자원봉사자프로그램을 진행하기 위해서는 보조 인력의 도움이 필요하다. 프로그램의 효율적 운영을 위해 자원봉사자를 활용하여 프로그램을 수행한다. 프로그램의 특성상 사회복지학과 재학생의 참여가 가장 많다. 그러나 의료 및 건강프로그램의 경우 간호학과·보건학과·체육학과 학생들이, 아동 관련 프로그램의 경우 교육학과나 유아교육학과 학생들이 참여하는 등 프로그램 내용에 따라 보조 역할을 수행하기에 적합한 자격을 갖춘 자원봉사자를 선정한다.

자원봉사자는 프로그램의 보조적 활동을 지원함으로써 담당자가 핵심 업무에 집중할 수 있도록 돕는 중요한 인적자원이다.

3. 프로그램 예산 수립

프로그램 기획에서 예산 수립은 흔히 객관적이고 수량화된 작업으로 인식된다. 즉, 프로그램에 필요한 인적·물적 자원을 금액으로 계산하는 과정이기 때문에 비교적 명확하고 단순한 활동으로 이해되기 쉽다. 그러나 실제로 예산 수립은 단순한 숫자의 나열이 아니라, 복잡한 판단과 선택이 요구되는 의사결정 과정이다.

특히 제한된 재원 안에서 무엇에 우선적으로 자원을 배분할 것인지를 결정해야 하므로, 예산 수립은 필연적으로 정치적 성격을 지닌다. 따라서 프로그램 기획자는 예산을 단순한 행정 절차가 아니라, 프로그램의 방향과 성과를 좌우하는 핵심 요소로 이해해야 한다. 이러한 예산의 특성과 성격을 충분히 이해할 때, 보다 현실적이고 타당한 예산 수립이 가능하며, 이는 궁극적으로 성공적인 프로그램 성과로 이어진다(이봉주 외, 2025).

프로그램 예산 수립을 효과적으로 이해하기 위해서는 먼저 일반적인 예산의 기능과 특성에 대한 이해가 필요하다. York(1982)은 예산이 조직 운영에서 수행하는 주요 기능과 특성을 다음과 같이 제시하였다.

1) 예산 수립의 속성

프로그램 기획자는 예산 수립이 객관적이고 수량화로 진행되기 때문에, 매우 명확하고 분명한 활동으로 간주한다. 하지만 예산 활동이 주로 프로그램에 필요한 인적·물적 자원의 금전적 고려에 치중하기 때문에 다른 과업보다는 상대적으로 객관적이고 수량화가 가능한 작업이라는 선입견을 갖고 있다. 하지만 간단한 프로그램 기획 과정에서도 예산을 수립하는 과정은 프로그램 기획자의 복잡한 의사결정을 요구하는 정치적 과정이다. 그리고 프로그램 기획자가 이와 같은 예산의 독특한 특성과 성격을 충분히 이해하고 있을 때 가장 적절한 예산 수립이 가능할 것이고, 이는 성공적인 프로그램 결과의 산출로 이어지게 된다(이봉주 외, 2025).

프로그램 예산수립을 이해하기 위해서는 먼저 일반적인 예산수립의 특성과 예산 유형에 대한 이해가 선행되어야 한다. 예산은 조직 운영의 다양한 측면에서 중요한 기능을 수행하며 다음의 특징을 갖는다(York, 1982).

① 예산은 기획 기능을 갖는다.

예산은 조직이나 프로그램의 목표와 우선순위를 재정적 언어로 표현한 계획이다. 어떤 목표를 달성하기 위해 어떤 활동을 수행할 것인지, 그리고 이를 위해 어느 정도의 인적·물적 자원과 시간이 필요한지를 숫자로 구체화한다. 따라서 예산은 단순한 비용 목록이 아니라, 조직의 전략과 비전을 반영하는 기획 도구이다.

② 통제 기능을 갖는다.

예산은 실제 지출이 계획된 범위 내에서 이루어지도록 관리·감독하는 기준이 된다. 예산 집행 과정에서 발생하는 차이를 분석하여 문제점을 파악하고 수정 조치를 취함으로써 자원의 낭비를 방지하고 효율성을 높일 수 있다. 이러한 통제 과정은 예산집행의 투명성을 높이고 관리자가 할당된 자원에 대한 책임을 지도록 강제하는 역할을 한다.

③ 조직 내 활동을 조정하고 통합한다.

예산 수립 과정에서는 각 부서나 프로그램의 계획이 조직 전체의 목표와 일관성을 유지하도록 조정된다. 이를 통해 제한된 자원을 효과적으로 배분하고, 활동 간 중복이나 갈등을 최소화할 수 있다. 즉, 예산은 조직 내 다양한 활동을 통합적으로 조율하는 수단이다.

④ 공식적인 의사소통 수단이다.

예산서는 조직의 계획과 우선순위를 내부 구성원과 외부 이해관계자에게 전달하는 공식적인 의사소통 수단이다. 예산을 통해 조직의 비전, 목표, 활동 계획 그리고 이에 필요한 자원 규모 등을 명확하게 알릴 수 있다.

⑤ 정치적인 과정이다.

예산 수립은 자원의 희소성으로 인해 조직 내외 다양한 이해관계자 간의 협상과 갈등을 수반한다. 예산 배분은 곧 우선순위와 권력의 배분을 의미하며, 어떤 문제와 대상이 더 중요하게 다루어질 것인지를 보여준다. 따라서 예산에는 가치 판단과 정치적 고려가 필연적으로 반영된다.

⑥ 프로그램 활동의 성과를 평가하는 기초자료로 활용된다.

계획된 예산과 실제 집행된 예산을 비교함으로써, 투입 대비 산출이나 성과를 분석할 수 있다. 이를 통해 프로그램의 효율성(efficiency)과 효과성(effectiveness)을 평가할 수 있으며, 향후 프로그램 개선이나 의사결정의 근거로 활용된다.

2) 예산 수립의 유형

프로그램 예산은 프로그램을 독립적인 실체로 운영하기 위해서 사용되는 '의도에 따라 지출 정보를 조직하는' 프로그램 회계이다. 프로그램 회계에서는 특정한 프로그램 활동을 특정한 의도(purpose)로 간주하고, 그러한 의도별로 비용을 분류하려는 것이다.

예산을 작성하고 관리하는 방식에 따라서 일반적으로 품목별(항목) 예산, 기능예산, 프로그램 예산, 성과주의 예산, 영기준 예산 등으로 구분된다(김영종, 2019; 이봉주 외, 2022).

(1) 품목별 예산(line-item budget:LIB)

품목별 예산은 지출 항목별로 소요되는 비용을 나열하여 편성하는 예산 방식이다. 이 예산 유형은 예산이 "무엇을 위해 사용되는가"보다는 "무엇을 구입하는가"에 초점을 두고 있으며, 인건비, 사업비, 관리·운영비, 물품구입비 등과 같은 항목으로 구분하여 예산을 편성한다. 필요에 따라 각 항목의 세부 내역을 보다 구체적으로 제시할 수도 있다.

프로그램을 품목별 예산 형식으로 관리한다는 것은, 프로그램 전체 활동에 소요 되는 비용을 지출 항목 중심으로 구분하여 관리하는 것을 의미한다. 이를 통해 각 항목별 지출 규모와 집행 현황을 명확하게 파악할 수 있다.

이 예산 유형은 예산편성과 집행 과정이 비교적 명확하고 체계적이어서 회계처리와 감사에 용이하다는 장점이 있다. 특히 지출 항목별 통제가 가능하므로 예산의 남용을 방지하고, 재정 운영의 투명성을 확보하는 데 효과적이다(박용권, 2025). 이러한 이유로 품목별 예산은 행정기관이 선호하는 방식이다.

그러나 품목별 예산은 지출 항목 관리에는 강점이 있으나, 지출에 대한 '통제'에 초점이 맞추어져 있어 지출 항목이 프로그램의 목표나 성과와 직접적으로 연계되기 어렵다는 한계를 지닌다. 따라서 프로그램의 효과성이나 성과 중심의 의사결정을 지원하는 데에는 제한적일 수 있다.

(2) 기능예산(functional budget)

기능예산은 예산을 조직이나 프로그램이 수행하는 '기능(function)'별로 편성하는 방식이다. 여기서 기능이란 상담, 사례관리, 교육, 홍보, 행정지원 등과 같이 조직이 수행하는 주요 역할이나 활동 영역을 의미한다.

기능예산은 "무엇을 위해 돈을 쓰는가"에 초점을 두며, 자원이 어떤 기능 수행에 투입되는지를 중심으로 예산을 구성한다는 점에서 단순한 지출 항목 중심의 예산과 구별된다.

예를 들어 노인주간보호 프로그램의 경우, 예산을 '보호시설 관리', '차량 운영', '사례관리' 등의 기능에 수반되는 지출 비용으로 나누어 계획하고 집행한다.

기능예산은 조직이 수행하는 주요 기능별로 자원투입 현황을 파악할 수 있어, 조직 운영의 효율성을 분석하는 데 유용하다. 특히 어떤 기능에 자원이 집중되고 있는지를 명확히 보여주어, 기능 간 우선순위 설정에 도움을 준다. 또한 기능별 예산 비교를 통해 특정 기능의 강화 또는 조정 필요성을 판단할 수 있어, 조직 운영 차원의 의사결정에 활용도가 높다.

반면, 기능예산은 개별 프로그램의 세부 성과를 직접적으로 파악하는 데에는 한계가 있다. 또한 하나의 활동이 여러 기능에 동시에 해당되는 경우, 예산 분류 기준이 모호해질 수 있다. 따라서 기능예산은 단독으로 사용되기보다는, 항목별 예산이나 프로그램 예산과 병행하여 활용되는 경우가 많다.

(3) 프로그램 예산(program budget)

프로그램 예산은 프로그램의 성과를 중심으로 예산을 책정하고 관리하는 방식으로, 기능별 또는 목적별로 구성된 '프로그램' 단위로 예산을 편성한다. 하나의 프로그램이 여러 목표로 구성되어 있는 경우, 각 목표의 달성을 개별 성과로 설정하고, 이를 달성하기 위해 필요한 지출 비용을 계획하고 집행한다.
이 예산 방식은 "무엇을 구입하는가"보다는 "어떤 프로그램을 위해 예산이 사용되는가"에 초점을 두며, 각 프로그램에 필요한 인적·물적 자원을 종합적으로 산정하여 예산을 구성한다. 따라서 프로그램 예산은 예산과 프로그램의 목적 및 활동을 직접적으로 연결하는 특징을 지닌다.

프로그램 예산은 조직의 전략적 목표와 예산 배분을 긴밀하게 연계함으로써, 자원 배분의 우선순위를 명확히 하며, 대안 프로그램의 효과성 및 효율성을 비교 분석하여 최적의 자원 배분 결정을 내리는 데 유리하다. 또한 장기적인 관점에서 프로그램의 기획 및 평가를 촉진한다. 하지만 프로그램을 명확하게 정의하고 비용을 프로그램 단위로 집계하는 데 어려움이 있을 수 있다(박용권, 2025).

(4) 성과주의 예산(Performance Budgeting : PB)

1950-1960년대 주목받았던 성과주의 예산은 사업을 운영하는데 필요한 예산을 지출항목보다는 사업을 수행하여 얻게 되는 '성과'에 초점을 두는 것으로서, 산출물에 대한 정보를 제공하지 못하는 품목별 예산의 약점을 보완하기 위한 목적으로 제시된 양식이다. 이 방식은 조직에서 수행하는 업무 단위량과 단위원가를 파악하여 이를 통해 예산액을 산출하는 논리를 가진다. 예컨대, 상담 프로그램의 경우 상담 1건당 소요되는 비용을 계산하고 상담 건수를 곱하여 예산을 편성하는 것이다. 성과주의 예산은 예산 투입이 특정 활동이나 업무수행과 어떻게 연결되는지를 명확히 보여주어 조직 운영의 효율성 제고에 기여할 수 있다. '무엇을 얼마나 효율적으로 하는가'에 대한 정보를 제공하기 때문이다(박용권, 2025).

일반적으로 성과주의 예산을 편성하는 가정에서 업무단위량을 산정하기 위해서는 조직의 기능별, 프로그램별로 구분 작업이 요구된다. 프로그램의 산출물을 측정하는 과정을 거치게 되는데 기능별, 프로그램별로 성과(산출물)를 구분하여 이를 예산편성에 반영한다는 차원에서 성과주의 예산을 기능별 혹은 프로그램 예산으로 부르기도 한다. 그러나 기능별 예산은 조직의 지출을 기능별(사회복지 조직의 경우, 서비스 제공과 행정지원 기능, 사업지원 기능 등)로 나누어 이들 기능에 재원이 어느 정도 소요되는지를 파악하는 것이다. 프로그램 예산은 보다 조직의 활동을 세부 사업단위로 나누어지출 비용을 배분한다는 점에서, 엄밀히 말하자면 성과주의 예산은 기능별 예산이나 프로그램 예산과는 다른 것이다. 그럼에도 성과주의 예산에서 말하는 성과는 사회복지조직의 경우 주로 세부 프로그램으로 볼 수 있다는 점에서 프로그램 예산과 성과주의 예산은 같은 것으로 이해할 수 있다(Rapp & Poertner, 1992). 이봉주행정론 p243

성과주의 예산은 품목별 예산에 비해 조직의 목적과 사업, 홀동을 이해하는 정보를 제공하며, 사업별 단위비용을 계산함으로써 예산배분과 예산집행에 있어서 합리성과 신축성을 높일 수 있다는 장점이 있다. 또한 사업별 산출물을 성과로 보고있어 사업별 모니터링과 실적을 분석하기에 용이하다. 반면 모든 활동의 성과나 산출을 정량적으로 측정하기 어렵다는 문제가 있으며, 본질적인 목표 달성 노력보다 측정 가능한 산출량을 늘리기에 치중할 위험이 있다(박용권, 2025).

(5) 영기준 예산(Zero-Based Budget : ZBB)

영기준 예산은 전년도와 무관하게 영(0)의 상태에서 출발하여 새롭게 예산을 편성하는 것을 의미한다. 정부 예산안을 비롯하여 대규모 조직의 예산 편성은 과거의 예산안을 바탕으로 이루어지는 경우가 많다. 이 방식은 비효율적인 사업이나 불필요한 지출을 파악하고 삭감하는 데 매우 효과적일 수 있다. 모든 예산 항목이 엄격한 정당화 과정을 거치므로 자원 낭비를 줄이고 효율성을 극대화하는 데 기여할 수 있다. 그러나 모든 사업을 원점에서 검토하고 정당화하는 과정은 막대한 시간과 노력을 요구하여 행정적 부담이 매우 크다. 또한 기존 사업을 유지하려는 조직 내 관성이나 정치적 역학 관계로 인해 실제적인 변화나 예사 절감 효과가 제한적일 수 있다는 한계가 지적된다(박용권, 2025).

이상에서 살펴본 예산의 유형은 예산 수립에서 무엇을 가장 중요한 요소로 삼느냐에 따라 나눈 예산체계 모형이다. 실제로 이 유형들은 단독으로 적용된다기보다는 두 가지 이상이 결합되어 적용되는 경우가 많다. 일반적으로 프로그램 계획 수립시 사용되는 방법은 품목별 예산 모형이며, 성과주의 예산과 병행하여 프로그램이나 활동의 단위 원가를 계산하여 예산을 수립하고 있다. 참고로 논리모델의 요소에 예산 모형을 대비해 보면, 투입 중심 예산이 품목별 예산이고, 효율성 관점에서 투입 대비 산출의 비교에 중점을 두는 모형은 실적주의 예산 그리고 효과성 관점에서 성과를 강조하는 접근으로서 투입 대비 성과를 중심으로 평가하는 모형은 성과주의 예산이다.

사회복지기관들은 무조건 재원을 확보하고자 예산 요구 방식이나 답습적 편성, 연내 의무 사용 등의 관행적 문제에서 벗어나, 성과를 고려한 예산편성과 심의 등 예산을 낭비하지 않도록 하는 의지를 가지고 성과주의 예산모형을 활용하고 이를 평가하기 위한 노력을 해야할 것이다(조성우 외, 2021).

3) 사회복지 프로그램 예산편성

(1) 예산편성의 기본 이해

프로그램 기획자가 문제분석과 목적·목표, 개입 전략을 수립했다면, 다음 단계는 이를 실행하기 위한 예산을 편성하는 것이다. 예산편성은 단순히 비용을 계산하는 것이 아니라, 프로그램의 실현 가능성을 담보하는 중요한 과정이다.

(2) 예산편성의 법적 근거

① 재무·회계규칙의 적용

사회복지 프로그램의 예산을 수립할 때는 「사회복지법인 및 사회복지시설 재무·회계규칙」을 기준으로 삼아야 합니다. 이 규칙은 「사회복지사업법」의 적용을 받는 모든 사회복지법인과 시설에 적용되는 보건복지부령으로, 정부 보조금 수령 여부나 소관 부처와 관계없이 준수해야 하는 필수 규정이다.

② 회계의 구분

재무·회계규칙은 사회복지시설 유형에 따라 법인회계는 법인의 전반적인 업무 운영에 관한 회계이며, 시설회계는 개별 시설의 운영과 관련된 회계, 수익사업회계는 법인이 수행하는 수익 창출 사업에 관한 회계로 구분된다.

따라서 사회복지기관은 각 사회복지시설 유형별로 사업 예산편성을 재무·회계규칙 별표1부터 별표10에 제시된 세입·세출 예산과목 구분에 따라 예산을 편성해야 한다(2025 사회복지시설관리안내, 보건복지부, 2025).

(3) 프로그램 예산서의 구성요소

사업 및 프로그램 예산은 크게 세입과 세출로 구분한다. 세입은 조직 운영에 필요한 자금을 어떻게 조달할 것인지에 대한 계획이다. 세입은 보조금 수입, 후원금 수입, 전입금, 사업수입, 기타 수입으로 나눈다.

〈표 7-2〉 세입예산과목

세 입	주요 내용
보조금 수입	국고보조금, 시·도보조금, 시·군·구보조금, 기타보조금(그 밖에 국가, 지방자치단체 및 사회복지사업기금 등에서 공모사업 선정으로 받은 보조금)
후원금 수입	·지정후원금:국내외 민간단체 및 개인으로부터 후원명목으로 받은 기부금·결연후원금·위문금·찬조금 중 후원목적이 지정된 수입 ·비지정후원금:국내외 민간단체 및 개인으로부터 후원명목으로 받은 기부금·결연후원금·위문금·찬조금 중 후원목적이 지정되지 아니한 수입과 자선행사 등으로 얻어지는 수입
전입금	법인전입금:법인으로부터의 전입금(후원금)
사업수입	시설에서 제공하는 각종 서비스의 이용자로부터 받은 수입. 법인 사업수입
기타 수입	법인회계(재산수입), 시설회계(입소자 부담금 수입), 요양급여수입(노인장기요양보험급여 수입), 과년도수입(전년도에 세입조정된 수입으로서 금년도에 수입으로 확정한 것), 이월금(전년도 불용액으로서 이월된 금액), 잡수입:불용매각대(비품,집기,기계,가구 등과 그밖의 불용품의 매각대), 기타예금이자수입(기본재산예금외의 예금이자 수입, 기타잡수입(그 밖의 재산매각수입, 변상금 및 위약금 수입 등과 다른 과목에 속하지 아니하는 수입) 차입금:금융기관 차입금,기타차입금(개인·단체 등으로부터의 차입금)

출처: 2025사회복지시설관리안내(2025). 재구성

세출은 조달된 자금을 프로그램 목표 달성을 위해 어떻게 사용할 것인지에 대한 지출 계획이다. 프로그램 수행에 필요한 모든 비용을 포함한다. 세출은 인건비, 관리운영비, 사업비, 재산조성비, 기타 지출로 구성된다. 사회복지기관들의 재정 수입은 다양하며, 주요 항목은 다음과 같다.

〈표 7-3〉 세출예산과목

세 출	주요 내용
사무비	·인건비:급여, 제수당, 일용잡금, 퇴직금 및 퇴직적립금, 사회보험 부담금, 기타후생경비 ·업무추진비: 기관운영비, 직책보조비, 회의비 ·운영비:여비, 수용비 및 수수료, 공공요금, 제세공과금, 차량비, 연료비. 기타운영비
재산조성비	·시설비:시설비, 자산취득비, 시설장비유지비
사업비	·법인:시설운영외 지원사업 등을 하는 경우의 사업비(학자금지원·저소득층지원 등 사업별로 설정) ·시설:운영비(생계비,수용기관경비, 피복비, 의료비, 장의비, 직업재활비, 자활사업비, 특별급식비)/ 교육비(수업료, 학용품비, 도서구입비, 교통비, 급식비, 학습지원비, 수학여행비, 교복비, 이미용비)/ 기타교육비, 의료재활 사업비, 사회심리재활사업비, 교육재활사업비, 직업재활사업비 ·복지관 등 시설회계:시설에서 이용자에게 제공하는 사업을 성격별·유형별로 구분하여 편성
재산조성비	시설비, 자산취득비, 시설장비유지비
기타	전출금, 과년도 지출, 잡지출, 예비비 및 기타(예비비, 반환금)

출처: 2025사회복지시설관리안내(2025). 재구성

사회복지공동모금회 등 외부 공모사업의 경우 직접 비용과 간접비용을 구분해서 예산을 제시하는 경우도 있다. 직접비용은 한 프로그램에만 속해 있는 인력의 임금, 한 프로그램에만 사용되는 도구나 소모품, 여비, 비품, 인쇄 및 복사비, 간식비 등이다. 해당 프로그램을 시행하기 때문에 추가로 지출되는 성격의 비용을 말한다. 간접비용은 둘 이상의 프로그램 또는 조직 전체의 운영과 관리에 공통적으로 소요 되는 비용으로, 특정 프로그램에만 직접적으로 귀속시키기 어려운 비용을 의미한다. 임대료, 관리비, 냉난방비, 통신비 등이 포함될 수 있다(사회복지공동모금회, 2025).

사회복지공동모금회 등 외부 공모사업에서는 예산을 직접비용과 간접비용으로 구분하여 제시하도록 요구하고 있다. 직접비용은 해당 프로그램을 시행하기 때문에 추가로 지출되는 성격의 비용이다. 한 프로그램에만 직접적으로 귀속되는 비용으로, 다음과 같은 항목이 포함된다.

- 프로그램 전담 인력의 인건비, 프로그램 전용 도구 및 소모품, 프로그램 관련 여비 및 교통비, 프로그램 활동을 위한 비품, 인쇄 및 복사비, 참여자 간식비 등

간접비용은 둘 이상의 프로그램 또는 조직 전체의 운영과 관리에 공통적으로 소요되는 비용으로, 특정 프로그램에만 직접적으로 귀속시키기 어려운 비용을

의미한다. 다음과 같은 항목이 해당된다(사회복지공동모금회, 2025).
• 사무실 임대료, 공용 공간 관리비, 냉난방비, 통신비(전화, 인터넷 등),

(4) 프로그램 예산 수립 방법

① 예산 항목 구체화하기

모든 사회복지기관 사업 예산편성은 「사회복지법인 및 사회복지시설 재무·회계규칙」에서의 관·항·목의 3단계로 구분하여 편성하도록 규정 되어있다.

• 예산과목의 단계별 구조
- 관 : 예산의 대분류 (예: 사무비, 사업비)
- 항 : 관의 중분류 (예: 인건비, 사업비)
- 목 : 항의 세부 분류 (예: 급여, ○○사업비)

반면, 모든 사업에 적용되는 것은 아니다. 예산편성의 구체성은 사업의 범위에 따라 달라지기도 한다.
• 편성 방식의 차이
- 전체 사업계획서 예산편성 : 관-항-목의 3단계 구분
- 부서별 프로그램 예산편성 : 항-목의 2단계 구분
- 세부 프로그램 예산편성 : 항-목-세목으로 확장 가능

외부 공모사업의 경우에는 예산편성 시 관, 항을 제시하기보다는 항-목-세목 또는 목-세목 수준으로 편성하기도 한다.

② 명확한 산출 근거 제시하기

예산의 신뢰성은 각 항목에 대한 명확한 산출 근거에서 나온다. 예산 항목을 단계별로 세분화하면 각 항목별로 책정한 금액에 대한 객관적인 근거, 즉 산출 근거를 명확하게 제시해야 한다. 산출 근거가 객관적이고 타당할수록 예산의 승인 가능성이 높아질 수 있다.

• 산출 근거 작성 예시
- 기본 형식 : 단가 × 수량 = 총액
- 구체적 예시 : 1,000원(단가) × 100명(수량) = 100,000원

• 근거자료의 활용
- 강사비, 출장비: 정부 지침 또는 기관 내부 규정
- 물품 구매: 시장가격 조사 결과, 견적서

③ 현실성 있는 자금조달 계획 수립하기

사회복지기관이 받는 정부 보조금은 인건비와 기본 운영비를 충당하기에도 부족한 실정이다. 따라서 개별 프로그램을 위한 추가 예산을 확보하기 위해서는 다양한 재원조달 방법을 모색해야 한다. 대부분의 사회복지 기관은 주요 재원 조달 방법으로 외부 공모사업 신청, 후원금 모금, 자체 수익사업 운영으로 프로그램 예산을 마련한다. 특히 외부 공모사업은 대응투자 방식을 주로 활용한다. 이는 재원을 두 가지로 구분하여 조달하는 방식이다.

• 신청금액 : 공모 기관에 지원을 요청하는 금액 (주로 직접경비)
• 자부담 : 신청기관이 자체적으로 부담하는 금액 (주로 간접경비)

④ 효과적인 예산편성을 위한 체크리스트

프로그램 예산을 편성할 때 다음 사항을 확인하는 것도 프로그램 기획자의 중요한 역할이다.
• 재무·회계규칙에 따른 예산과목 구분을 준수했는가?
• 모든 예산 항목에 명확한 산출 근거가 제시되어 있는가?
• 재원조달 계획이 구체적이고 실현 가능한가?
• 자부담 비율이 기관의 재정 능력 범위 내에 있는가?
• 프로그램의 지속가능성이 고려되었는가?

외부 공모사업의 경우 자부담 비율은 공식적으로 정해진 기준이 없지만, 기관의 프로그램 수행 의지 표현, 기관의 재정적 안정성 및 실행 능력 입증, 지원 종료 후 프로그램 지속가능성 확보에 있어 중요한 심사 항목일 수 있다. 따라서 자부담 계획을 수립할 때는 기관의 재정 상황과 프로그램의 장기적 운영 가능성을 신중히 고려해야 한다.

사회복지 프로그램의 예산편성은 법적 규정 준수, 체계적인 항목 구성, 명확한 산출 근거, 현실적인 재원 조달 계획이라는 네 가지 요소를 균형 있게 갖추어야 한다. 이를 통해 프로그램의 실현 가능성과 지속가능성을 동시에 확보할 수 있다.

❖ 예산 예시

관	사업비								
항	저소득 청소년 진로개발 지원 네트워크 구축사업								
목	세목		계	산출근거	예산조달 계획				
					신청금액	비율(%)	자부담	비율(%)	자부담 재원
총 계									
사업비	컨소시엄 구축	컨소시엄 구축		기관방문비 20,000원×10개 기관					
		직업교육네트워크		실무자 간담회 (회의비)5,000원×10명×10회 실무자 평가회 (평가회비) 10,000원×10명×2회					
		발대식		현수막 50,000원×1EA (진행비) 300,000원					
		워크숍		장소대여 및 교통비 800,000원 식사비 7,000원×10명×4회 강사비 300,000원(교통비포함) 진행비 300,000원×2일					
	홍보			현수막 50,000원×2회 현판 20,000원×30EA 기념품 제작 - 홍보용 1,500원×1,000EA - 참여기관 배포용 5,000원×1,00EA 광고매체(전파, 옥외 등) 2,000,000원					
	진로개발지원사업	진로개발 P/G		Strong Mbti 검사비 10,000원×30명×1회 진행비 10,000원×30명×10회 강사비 250,000×2명					
		학습캠프		장소대여 및 교통비 1,000,000원 식사비 7,000원×30명×4회 강사비 600,000원(교통비포함) 기타 진행비 500,000원×2일					
		진로캠프		진행비 15,000원×30명×2회 간식비 2,000원×30명×2회 강사비 250,000원×1명×1회					
	직업훈련(체험)지원(특기지원금)			특기지원 100,000원×10명×8회					
	소 계								
관리운영비	수용비			물품구입비 200,000원×12회 주유비 50,000×12회					
	예비비			예비비 총예산의 3% 1,800,000원					
	소 계								

제8장. 프로그램 실행과 관리

프로그램 기획자는 사회복지 프로그램을 기획 단계에서 문제분석을 통해 목적과 목표를 설정하고 참여자를 선정한 후 구체적인 개입 전략과 세부 내용을 수립했다면, 이제 실행할 준비가 된 것이다. 즉 계획하였던 문제해결의 성고로 나아가기 위해서는 조직 차원에서 프로그램 실행과 관리 전력을 구축하고 수행해 나가야 한다. 즉, 프로그램이 계획대로 잘 수행되고 있는지와 예상하지 못한 상황이 발생했을 때 합리적인 조치를 하는지 프로그램관리 기법을 통해 검토하게 된다. 이 장에서는 실행단계에서의 주요 과업인 프로그램 모니터링, 프로그램 진행관리, 기록 및 정보관리 활동에 대해 살펴보고자 한다.

1. 프로그램 실행단계의 과업

1) 프로그램 실행단계의 주요 과업

프로그램 실행단계에서는 기획된 내용을 실제로 수행하기 위한 여러 과업들이 필요하다. 학자들은 이 단계의 핵심 과업을 다음과 같이 제시하고 있다.

Patti(1983)는 실행단계의 주요 과업으로 자원확보, 조직구조 개발, 직원 능력 개발을 강조하였다. 황성철(2005)은 이를 보다 구체화하여 자원확보와 관리, 기록 및 정보관리, 프로그램 모니터링, 서비스 질 관리를 실행단계의 핵심 과업으로 제시하였다.

과거 사회복지 프로그램 관리는 주로 조직의 효율적 유지에 초점을 두었다. 그러나 최근에는 프로그램의 목표 달성과 양질의 서비스 제공으로 관심이 이동하고 있다. 이에 따라 서비스의 질 관리와 모니터링이 실행단계의 중요한 과업으로 부각되고 있다(조성우, 2021).

2) 자원의 확보와 관리

프로그램 실행을 위해서는 필요한 자원을 적시에 확보하는 것이 필수적이다. 기획 단계에서 계획했던 자원들이 실제로 원활하게 확보될 수 있는지 점검해야 한다. 인적자원의 경우 다음과 같은 사항들을 결정해야 한다.

• 프로그램 수행을 위해 계약직이나 자원봉사자의 참여가 필요한가?
• 기존 인력 중에서 담당자를 지정할 것인가, 새로운 인력을 선발할 것인가?
• 별도의 팀을 구성할 것인가, 행렬조직 형태로 운영할 것인가?

이러한 결정들은 프로그램의 원활한 진행에 직접적인 영향을 미치므로 신중하게 검토되어야 한다(황성철, 2005).

3) 실행계획 수립과 점검

사회복지 프로그램을 성공적으로 실행하기 위해서는 구체적인 실행계획이 필요하다. 실행계획을 수립할 때는 필수적인 제반 요소들이 빠짐없이 포함되었는지 확인하는 작업이 중요하다.

프로그램 실행 과정에서 발생할 수 있는 문제를 체계적으로 파악하기 위해서는 5W1H 점검법을 활용할 수 있다. 이러한 점검은 실행단계에서 문제를 조기에 발견하고 원인을 구조적으로 분석하는 데 유용한 도구가 된다.

〈표 8-1〉 실행단계의 문제확인을 위한 5W1H 체크리스트

구분	실행계획 수립요소	실행과정에서의 문제확인 요소
Who (누가)	• 프로그램 주최자와 주관자는 누구인가? • 프로그램 실행을 주비하는 사람은 누구인가? • 프로그램 담당자, 외부전문가, 자원봉사자는 누구인가?	• 현재 실행하는 사람은 누구인가? • 그 밖에 실행할 수 있는 사람은 누구인가? • 반드시 실행해 참여해야 할 사람은 누구인가? • 무리하게 참여하는 사람은 없는가?
When (언제)	• 프로그램 실행 예정일시 • 프로그램 실행기간	• 언제 실행하는 것이 바람직한가? • 정해진 시기외에 할 수는 없는가? • 실행시기가 무리하게 정해지지 않았는가?
Where (어디서)	• 가장 적합한 장소 • 차선으로 간주되는 장소	• 여기서 실행하는 것이 좋은가? • 그 밖에 다은 장소는 없는가? • 실행장소가 무리하게 정해지지 않았는가?
What (무엇을)	• 프로그램 형태와 제목 • 프로그램의 핵심적 요소	• 무슨 활동이 실행되고 있는가? • 다른 활동으로 필요한 것은 없는가? • 무관하게 이루어지는 활동은 없는가?
Why (왜)	• 프로그램의 목적은 무엇인가? • 프로그램의 주제는 무엇인가? • 프로그램에서 강조저은 무엇인가?	• 왜 그 사람이 그 홀동을 하는가? • 왜 그 시간과 장소에서 하는가? • 왜 그 방법으로 활동을 하는가? • 목적달성에서 무일관성은 없는가?
How (어떻게)	• 프로그램의 구조와 절차 • 예산과 인력의 준비 • 홍보와 프로그램 수단	• 어떤 방법으로 실행되고 있는가? • 다른 방법은 없는가? • 방법상의 일관성은 유지되는가?

2. 프로그램 모니터링(진행관리)

1) 모니터링의 중요성과 주요 대상

프로그램이 시작되면 기획자는 프로그램이 본래 의도한 방향으로 진행되고 있는지 지속적으로 확인해야 한다. 이러한 활동을 프로그램 모니터링이라고 한다.

Rossi 등(2019)은 프로그램 모니터링을 다음과 같이 정의한다. “프로그램이 원래 의도한 표적집단을 어느 정도 포함하는지에 관한 프로그램 적용 대상자 점검과 더불어 서비스 제공이 실제로 의도한 바와 일치하는지에 관한 프로그램 과정을 측정하기 위한 체계적인 노력”이다.

이민홍 등(2024)은 모니터링을 프로그램 운영의 전 과정에 대한 실시간 정보 수집, 분석, 피드백 제공을 포함하는 동적인 관리활동으로 설명한다. 즉, 모니터링은 “지금 프로그램이 계획대로 진행되고 있는가?”라는 질문에 근거 있는 답을 제공하는 활동이다.

프로그램 모니터링은 프로그램 수행 과정에서 제반 요소에 대한 자료 수집과 분석을 필요로 하기 때문에 형성평가의 일종으로 간주되기도 한다(박용권, 2025).

사회복지 프로그램은 다음의 내용을 모니터링의 대상으로 한다(김영종, 2019).

❍ 표적인구의 서비스 수혜 정도
- 계획했던 대상자들이 실제로 서비스를 받고 있는가?
- 참여자들이 서비스를 적절히 받고 있는가?

❍ 서비스의 양과 질
- 계획된 횟수만큼 서비스가 제공되고 있는가?
- 서비스의 질은 적절한 수준인가?

❍ 예산집행의 적절성
- 인적자원이 적절하게 배치되고 활용되고 있는가?
- 물적자원이 효율적으로 사용되고 있는가?
- 예산이 계획대로 집행되고 있는가?

❍ 규정 및 기준의 준수

- 관련 법규가 준수되고 있는가?
- 자원제공자가 요구하는 기준이 지켜지고 있는가?
- 전문직 윤리와 기준이 준수되고 있는가?

프로그램 모니터링은 실제 프로그램 수행 중에 기관이 보유한 기존 자료를 활용하여 참여자, 서비스, 인력, 예산, 법적 규정 등에 관한 정보를 수집하고 분석할 수 있다는 장점이 있다.

이를 통해 발견된 문제점은 프로그램 개선을 위한 피드백으로 즉시 활용될 수 있다. 모니터링은 본격적인 프로그램 평가보다 용이한 방법으로 프로그램 수행의 주요 요소를 점검하는 기능을 수행한다. 따라서 프로그램이 진행되는 동안 지속적으로 수행되어야 하는 중요한 관리활동이라 할 수 있다(박용권, 2025).

2) 모니터링과 과정평가

사회복지 프로그램 실행단계에서 모니터링(monitoring)은 프로그램이 계획된 방식대로 실제로 운영되고 있는지를 지속적으로 점검하는 일상적이고 반복적인 활동이다. 모니터링은 프로그램 진행 과정에서 발생하는 상황을 실시간으로 파악하고 기록하는 관리 활동의 성격을 갖는다.

반면 과정평가(process evaluation)는 모니터링을 포함하면서도 보다 체계적이고 분석적인 틀 안에서 프로그램의 투입, 활동, 산출의 적절성과 실행의 질을 평가하는 평가활동이다.

과정평가는 단지 '계획대로 되었는가?'에 그치지 않고, 다음과 같은 질문들에 답하고자 한다.

- 그 실행 방식이 얼마나 충실했는가?
- 대상자에게 전달되는 활동의 질이 어땠는가?
- 프로그램 운영환경은 적절했는가?

이처럼 과정평가는 심층적으로 분석하고 판단한다는 점에서 모니터링보다 평가적 성격이 강하다. 모니터링은 과정평가의 핵심 구성요소이며, 과정평가의 실증자료를 제공하는 기반 활동이다. 모니터링을 통해 축적된 기록지, 체크리스트, 회의록, 관찰 기록 등과 같은 자료들은 과정평가 수행 시 사용되는 1차 자료가 된다(박용권, 2025).

프로그램 수행 기간이 비교적 장기간일 경우, 모니터링 또는 과정평가 활동은 중간평가의 목적으로 활용될 수 있다. 프로그램 담당자는 프로그램 실행을 통해 개입방법과 전략의 강점과 한계점을 확인하고, 이를 좀 더 접근 가능하고 효과적이며 만족스러운 형태로 수정·발전시켜 나가야 한다(조성우 외, 2024). 따라서 모니터링 과정 중에 문제점과 장애요인이 발견된다면, 그것을 해결하고 재설계할 수 있는 중간평가 활동이 이루어져야 한다. 이를 통해 프로그램은 진행 중에도 지속적으로 개선될 수 있다.

〈표 8-2〉 모니터링과 과정평가 비교

구 분	모니터링	과정평가
정의	프로그램이 계획대로 실행되는지를 실시간으로 점검하는 활동	프로그램 실행과정의 충실성, 적절성, 질을 분석하고 평가하는 활동
초점	활동 수행 여부, 참여자 수, 기록관리 등 실행점검	활동의 충실성, 참여자의 반응, 실행 환경의 질 등 실행 내용 분석
수행시기	프로그램 진행 중, 반복적	프로그램 진행 중 또는 종료 직후, 일시적이거나 일정 주기적
활동성격	관리 중심(운영자 시점)	평가 중심(분석자 또는 외부 시점 포함)
자료수집 방법	체크리스트, 출석부, 회의록, 관찰기록 등 실무자료	모니터링 자료+심층면접, 설문조사, 참여관찰 등 평가도구
자료활용 목적	문제의 조기 발견 및 운영 개선	실행과정의 질적 분석 및 평가결과 도출

3. 프로그램 관리기법

프로그램 기획과 설계를 통해 계획된 활동들이 의도한 대로 실행되기 위해서는, 프로그램 진행 전반에 대한 체계적인 관리가 반드시 필요하다. 특히 프로그램의 목표를 달성하기 위해서는 활동 수행 과정에서 시간을 어떻게 계획하고 관리하는가가 매우 중요한 요소로 작용한다.

프로그램은 일정한 기간 안에 목표를 달성해야 하므로, 각 활동의 시작 시점과 종료 시점, 중간 점검 시기, 결과 보고 시점 등이 사전에 구체적으로 계획되어야 한다. 이러한 시간 계획이 명확할수록 프로그램의 진척 상황을 점검하고 문제를 조기에 발견할 수 있으며, 계획 대비 실행 정도를 체계적으로 관리할 수 있다. 다시 말해, 구체적인 시간 계획은 프로그램 목표 달성을 가능하게 하는 핵심 관리 도구라고 할 수 있다.

계획된 프로그램을 보다 효율적이고 효과적으로 준비하고 실행하기 위해 다양한 프로그램 관리기법이 활용된다. 대표적인 기법으로는 활동별 시간 계획표(Gantt Chart), 프로그램 평가검토기술(PERT), 월별 활동 카드(Shed-U Graph), 방침관리기법(Plan-Do-Check-Act:PDCA),총괄 진행표(Flow Chart) 등이 있으며, 이러한 기법들은 프로그램 수행 과정을 시각적으로 제시하여 전체 진행 상황을 쉽게 이해할 수 있도록 돕는다(정무성, 2017).

1) 활동별 시간 계획표(Gant Chart)

간트차트는 1910년대 헨리 간트가 개발된 관리기법이다. 가로에는 월별 또는 일별 시간을 기재하고 세로에는 주요 세부 목표 및 관련 활동을 기재하는 표이다. 이 관리기법은 프로그램 목표를 달성하기 위해 일정 기간 수행해야 할 과업과 활동을 나열하여 시간적 순서에 따라 막대 도표를 활용하여 표기하는 방법이다(황성철 외, 2020). 현재 사회복지 정책 및 프로그램 진행을 위한 관리기법으로 가장 활발하게 사용되고 있다. 하지만 이 기법은 각 활동만을 보여주는 수준에서 머물러 활동 간의 진행 과정을 나타내지 못하기 때문에 각 단계의 활동과 진행 사이의 상관관계를 보여주지 못해 전반적인 계획과 진행상황을 점검하는 데는 한계가 있다. 주로 포함되는 내용은 프로그램 활동 목록, 시간 단위(일, 주, 월 등)설정, 작업의 기간을 막대형태로 표시한다.

<표 8-3> 간트차트 예시

기간 내용	1월	2월	3월	4월	5월	6월	7월	8월	9월	10월	11월	12월
프로그램 계획												
프로그램 홍보												
이용자 모집												
프로그램 학교 운영												
Harmony 활동												
수학여행												
찾아가는 교실												
학부모 간담회												
가족+이용자 활동												
가족과 함께하는 졸업축제												
사업 자문												
사업평가 및 보고서 작성												

2) 월별 활동계획 카드(Shed-U Graph)

이 관리기법은 미국 레밍턴-랜드 회사가 개발했다. 간트차트와 비슷한 성격을 갖고 있으며, 특정 활동이나 업무를 조그마한 카드에 기입하여 월이 기록되어 있는 공간에 삽입하거나 붙이는 방법이다. 본 기법은 업무시간에 따라 변경하여 이동시키는 데는 편리한 장점이 있지만, 과업과 활동 간 상관관계를 보여주지 못하고 과업을 완수하는 데 필요한 시간을 파악하기도 어렵다는 단점이 있나(강종수, 2024).

7월	8월	9월	10월
운영팀 구성	대상자 선정 보호대상자 확보	그룹홈 설치	운영프로그램 개발

<그림 8-1> 월별 활동계획 카드 사례(모금 이벤트 기획)

3) 총괄진행표

총괄진행표는 프로그램 활동의 흐름을 시각적으로 보여주는 그림 차트이다. 이 기법은 논리순서, 작업공정, 제조공정, 조직도 등을 그래픽으로 표현한다(정무성, 2017).

총괄진행표는 보통 도형(예:직사각형, 다이아몬드, 화살표 등)을 사용하여 활동·결정·시작·종료 지점 등을 표현해 줌으로써 복잡한 프로그램의 세부 활동간의 관계를 명확하게 보여준다. 반면 간트차트와 월별활동계획 카드와 같이 과업과 할동 간 연관성을 보여주지 못하는 단점이 있다.

4. 프로그램 기록관리 및 정보관리

1) 기록관리의 중요성

사회복지 실천 활동에서 기록이란, 사회복지사가 수행하는 모든 활동과 개입과정을 체계적으로 문서화하는 것을 의미한다. 기록은 단순한 행정 절차가 아니라, 사회복지 실천의 과정을 객관적으로 남기는 전문적 실천의 증거이며, 사례관리와 서비스의 질을 관리하기 위한 핵심적인 도구이다(박용권, 2025).

사회복지 실천 및 교육 현장에서는 다양한 기록 방법이 활용되고 있다. 대표적으로 기록관리 기록, 교수·학습 기록, 이야기체 기록, 문제중심 기록, 단일사례 기록 등이 있으며, 이러한 기록 방식은 주로 임상적 실천 영역에서 효과적으로 사용되고 있다. 각 기록 방법은 실천 목적과 대상에 따라 선택·활용되며, 사회복지사의 전문적 판단과 개입 내용을 구체적으로 드러내는 역할을 한다.

최근에는 과정평가와 질적 평가의 중요성이 강조되면서, 프로그램 실행 과정에서 이루어지는 다양한 기록의 가치가 더욱 부각되고 있다. 프로그램 진행 과정, 클라이언트의 참여 정도와 반응, 클라이언트가 직접 표현한 경험과 소감, 프로그램 담당자의 관찰 및 평가 내용 등은 프로그램 성과를 판단하는 데 있어 매우 중요한 평가 자료로 활용된다.

이처럼 기록은 프로그램 평가뿐 아니라, 프로그램의 원활한 운영과 지속적인 모니터링을 가능하게 하는 핵심 요소이다. 따라서 어떤 기록 양식을 활용할 것인지, 기록 내용을 어떻게 정리하고 관리할 것인지를 결정하여 체계적인 기록 체계를 수립하는 일 역시 프로그램 기획자가 수행해야 할 중요한 과업에 해당한다(조성우 외, 2021).

2) 기록의 대상과 내용

프로그램 실행 단계에서 기록물은 크게 두 가지 차원으로 구분할 수 있다.

첫째, 전체 프로그램 차원의 기록물과 참여자 개인 차원의 기록물이다. 전체 프로그램 차원의 기록물은 프로그램의 전반적인 운영 상황과 진행 과정을 파악하기 위한 자료이며, 참여자 개인 차원의 기록물은 개별 참여자의 특성, 변화 과정, 반응 등을 구체적으로 담고 있다.

둘째, 프로그램 계획서 작성 이후에는 과정 기록이나 사례 기록 외에도, 프로그램 운영과 모니터링을 위해 다양한 서식이 활용된다(조성우 외, 2021).
프로그램 실행 단계에서 기록해야 할 주요 내용에는 프로그램 운영 전반에 관한 사항, 참여자 관리 내용, 활동 진행 과정, 참여자의 반응 및 변화, 담당자의 평가와 의견 등이 포함된다. 이러한 기록들은 프로그램의 질을 유지·개선하고, 향후 유사 프로그램을 기획하는 데 있어 중요한 기초 자료로 활용된다. 프로그램 실행단계에서 기록해야 할 주요 내용은 다음 <표 8-4>와 같다.

〈표 8-4>기록의 대상과 내용

구 분	주요 내용
참여자 정보	프로그램 참여자의 인구사회학적 특성, 참여동기, 초기 사정결과, 프로그램 참여 이력 등 개인별 맞춤형 서비스 제공 및 효과분석을 위한 기초자료를 포함한다.
서비스 제공 기록	개별 서비스 계획, 제공된 서비스의 내용과 시간, 서비스 제공자, 서비스 제공 과정에서 발생한 특이사항 등을 상세히 기록한다.
진행 상황 기록	프로그램의 목표 달성 여부, 주요 활동의 진행률, 예산집행 현황, 인력운영 상황 등을 주기적으로 기록한다.
회의록	프로그램 관련 회의(기획 회의, 중간 점검 회의, 수퍼비전 등)의 일시, 참석자, 주요 논의 내용, 의사결정 사항, 향후 계획 등을 기록한다.
피드백 및 불만사항	참여자, 이해관계자 등으로부터 수렴된 피드백, 제안사항, 불만사항 및 이에 대한 처리 과정을 기록한다
예외사항 및 위기 개입 기록	프로그램 실행 중 발생한 예상치 못한 사건, 위기상황, 예외적인 개입 내용 및 그 결과 등을 기록한다

출처: 박용권(2025).

3) 정보관리

사회복지 프로그램의 실행단계에서 정보관리는 프로그램이 의도한 목표를 달성하기 위해 필요한 각종 자료를 수집·분석·활용하는 일련의 과정을 의미한다. 정보 관리는 단순히 자료를 축적하는 것을 넘어, 프로그램 운영과 관련된 다양한 데이터를 체계적으로 관리하고 이를 근거로 의사결정을 지원하는 기능을 수행한다(박용권, 2025). 즉, 사회복지 프로그램 정보관리는 프로그램 전반의 운영 방향을 점검하고, 문제를 조기에 발견하며, 개선 방안을 도출하는 데 중요한 역할을 한다. 따라서 사회복지기관은 프로그램 실행을 위해 필요한 정보를 명확히 규정하고, 이를 효과적으로 활용할 수 있는 정보관리체계를 구축해야 한다. 일반적으로 사회복지기관에서 관리해야 하는 정보에는 지역사회 정보, 클라이언트 정보, 서비스 정보, 직원 정보, 자원할당 정보 등이 포함된다. 특히 프로그램 관리 차원에서는 어떤 정보를 수집할 것인지, 수집된 정보를 어떻게 체계적으로 정리하고 활용할 것인지를 사전에 준비하는 것이 중요하다. 사회복지기관에서 관리해야 할 주요 정보의 세부 내용은 다음과 같다(조성우 외, 2021).

① 지역사회 정보

지역사회 정보에는 지역의 인구통계학적 특성과 사회·경제적 특성에 관한 자료가 포함된다. 또한 지역주민을 대상으로 실시한 욕구조사 결과, 인근 사회복지기관 또는 경쟁 기관에서 운영 중인 유사 프로그램의 현황 및 관련 보고자료 등도 중요한 정보에 해당한다.

② 클라이언트 정보

클라이언트 정보에는 클라이언트의 문제 유형, 개인력, 서비스 수혜 유형과 기간, 사회경제적 특성, 가족적 특성, 고용 상태 등이 포함된다. 이와 함께 프로그램 참여자의 일반적 특성 자료, 각종 심리검사 및 척도 측정 자료, 기관 프로그램 이용 현황 자료도 관리 대상이 된다.

특히 프로그램 성과평가를 위해 활용되는 사전·사후 검사 자료, 목표기술서, 만족도 설문조사 결과 등은 프로그램 효과성을 판단하는 핵심 정보로서 체계적인 관리가 요구된다.

③ 서비스 정보

서비스 정보에는 제공된 서비스의 단위, 서비스 대상 클라이언트 수, 일정 기간 내 서비스 제공 및 종결된 클라이언트 수 등이 포함된다. 또한 서비스와 관련된 활동 내용에 대한 설명도 중요한 정보이다. 예를 들어 프로그램의 하위 세부 활동 내용과 활동별 참여 현황, 실제 참여율, 중도 탈락률 및 수료율, 프로그램 홍보 및 모니터링 자료 등이 이에 해당한다.

④ 직원 정보

직원 정보는 프로그램 수행에 투입된 인력과 관련된 자료로, 담당 사회복지사의 실제 참여 시간과 업무 비중, 수퍼바이저의 투입 시간 등을 포함한다. 또한 자원봉사자나 인턴 등 보조 인력의 참여 인원과 투입 시간 역시 관리 대상이 된다.

⑤ 자원할당 정보

자원할당 정보에는 프로그램 운영에 투입된 전체 비용과 서비스 유형별 비용, 예산 및 결산 보고를 위해 필요한 각종 재정 자료가 포함된다. 구체적으로는 수입 출처와 세부 내역, 지출 항목별 내역, 예산·결산 보고서, 특정 수입원에 대한 별도 예·결산 자료, 전체 사업 대비 프로그램 투입 비용 등의 정보가 이에 해당한다.

4) 정보관리 시스템 활용

사회복지기관은 프로그램 운영을 위해 정보관리체계를 구축하고, 이를 효율적으로 활용할 수 있어야 한다. 현재 사회복지기관에서는 사회보장정보원이 운영하는 사회복지시설정보시스템을 정보관리시스템으로 활용하고 있다.

사회복지시설정보시스템은 사회복지시설 업무의 표준화와 투명성 제고, 사회복지 업무의 전자화를 목적으로 구축된 통합 업무관리시스템이다. 이 시스템에 축적된 데이터를 기반으로 효과적인 사회복지 정책 수립을 지원하고, 국민의 사회복지시설 이용 편의성을 증대시키는 데 목적이 있다.

주요 서비스 기능으로는 회계, 인사·급여·자산 관리, 세무 관리, 후원 관리, 이력 관리, 시·군·구 보고 기능 등이 있다. 이를 통해 사회복지시설은 업무의 표준화와 업무량 감소, 전산시스템 유지·보수 비용 절감, 시·군·구 행정기관 제출 서류의 온라인 접수 등과 같은 운영상의 효과를 얻을 수 있다.

또한 시·군·구 공무원은 관할 사회복지시설 자원을 보다 효과적이고 체계적으로 관리할 수 있으며, 중복 업무 감소와 행정업무 간소화, 업무 효율성 증대의 효과를 기대할 수 있다. 보건복지부 차원에서는 정책 수립을 위한 기초 자료 확보, 사회복지시설 현황 파악, 자동화된 통계 지원 기능을 통해 보다 체계적인 정책 운영이 가능해진다(이민홍 외, 2024).

에듀컨텐츠·휴피아
ECH Educontents·Huepia

제9장. 프로그램 마케팅 및 서비스 질

사회복지 프로그램 실행단계에서 가장 중요한 과업은 프로그램 참여자 모집과 프로그램 수행을 위해 필요한 인적 및 물적자원 확보이다. 오늘날 사회복지 환경은 서비스 공급의 증가, 참여자의 선택권 확대, 성과와 책임성에 대한 요구 강화 등으로 빠르게 변화하고 있다. 이러한 변화 속에서 사회복지기관은 단순히 서비스를 "제공하는 기관"을 넘어, 서비스의 가치를 명확히 전달하고 그 질을 지속적으로 관리해야 하는 조직으로 전환되고 있다.

이러한 맥락에서 프로그램 마케팅과 서비스의 질 관리는 더 이상 선택적 요소가 아니라, 사회복지 프로그램의 효과성과 지속가능성을 확보하기 위한 필수 과제이다. 프로그램 마케팅은 상업적 홍보 활동이 아니라, 서비스 대상자와 지역사회, 후원자에게 프로그램의 목적과 내용을 정확히 알리고 적합한 참여를 촉진하는 과정이며, 서비스의 질 관리는 참여자의 경험과 만족을 기반으로 프로그램의 전문성과 신뢰성을 높이는 핵심 전략이다.

이 장에서는 사회복지 프로그램 마케팅 전략과 서비스의 질 관리 방안에 대해 구체적으로 살펴보고자 한다.

1. 프로그램 마케팅

1) 마케팅의 개념과 특징

마케팅은 더 이상 영리 조직만의 고유한 기능으로 이해되지 않는다. 이러한 흐름은 사회복지 영역에서도 동일하게 나타나며, 사회복지기관 역시 변화하는 환경 속에서 마케팅에 대한 이해와 적용이 요구되고 있다. 사회복지 마케팅은 기금모금에만 국한되지 않고, 자원봉사자 확보, 서비스 이용자 발굴, 프로그램 운영과 확산 등 다양한 실천 영역에서 활용되고 있다.

미국마케팅협회(1985)는 마케팅의 개념을 재화와 서비스 중심에서 확장하여 '아이디어'를 포함하는 것으로 정의하였다. 이에 따르면, 마케팅은 개인과 조직의 목표 달성을 위해 교환 가치를 지닌 재화·용역·아이디어를 기획하고, 가격을 결정하며, 홍보와 분배를 실행하는 일련의 과정으로 설명된다. 이러한 정의의 변화는 비영리 부문에서의 마케팅 활용 가능성을 전제로 한 것으로, 사회복지 영역에서는 영리 부문과 달리 수익 창출보다는 사회적 가치와 아이디어의 전달에 더 큰 비중을 두어야 함을 시사한다(정무성 외, 2014).

프로그램 마케팅은 사회복지조직이 개발한 프로그램에 대해 클라이언트의 참여를 촉진하기 위해 이루어지는 다양한 활동을 포괄하는 개념이다. 이는 단순한 홍보나 광고 활동을 넘어, 잠재적 클라이언트에게 프로그램을 인식시키고 참여를 유도하기 위한 전략적 판단과 분석 과정을 포함한다. 이러한 관점에서 프로그램 마케팅은 프로그램 수요조사, 관계 형성, 실행 전략 수립, 성과에 대한 검토까지 포함하는 보다 포괄적인 의미를 갖는다(김진화, 2001).

또한 프로그램 마케팅은 단순히 참여 인원을 증가시키는 데 목적이 있는 것이 아니라, 대상자의 욕구를 확인하고 이를 충족시킬 수 있는 프로그램을 기획·실행하며, 그 결과를 평가하는 전 과정과 밀접하게 연관되어 있다. 따라서 이는 홍보물 제작이나 외부 전문가 고용과 같은 개별 활동보다 상위 개념으로 이해될 수 있다. 종합적으로 볼 때, 프로그램 마케팅은 사회복지 프로그램을 잠재적 클라이언트에게 가장 효과적으로 전달하기 위한 방법을 체계적으로 연구하고 분석하는 일련의 활동이라 할 수 있다(김영숙 외, 2003).

사회복지 마케팅의 개념을 통해 주요 활동을 두 가지로 설명하면 첫째, 프로그램 정당성 확보와 참여자 모집을 위한 프로그램에 관한 마케팅이다. 프로그램에 대해 잠재적 클라이언트, 가족, 조직, 지역사회, 타 복지기관, 지방자치단체, 정부, 재단 등에게 알리고 그들의 참여를 적극적으로 유도하고 촉진 방안을 연구하고, 분석하고, 평가하는 것이다. 둘째, 프로그램 수행을 위해 필요한 인력과 자원을 지역사회에서 확보하기 위한 마케팅이다. 프로그램의 주요 활동들을 실질적으로 수행하기 위해 모든 인력과 장비(시설)를 기관 내부에서 조달하는 것이 아니라 지역사회 자원으로 대체할 수 있도록 홍보, 광고, 모집, 협력 등을 통하여 지역사회 자원을 끌어내는 것이다(이민홍 외, 2024).

기업 마케팅은 주로 상품이나 서비스를 소비자에게 판매하여 수익을 창출하는데 초점을 맞춘다. 반면, 사회복지 프로그램 마케팅은 상업적 이윤을 목표로 하기보다는 사회적 가치 실현, 공익 증진 그리고 궁극적으로 프로그램의 지속가능성과 참여자의 삶의 질 향상을 도모한다(kotler et al., 2011). 이 과정에서 프로그램 마케팅은 수요자의 욕구를 기반으로 프로그램을 설계하고, 지역사회의 자원을 효과적으로 활용하며, 조직의 대외 이미지와 신뢰도를 높이는 역할을 수행한다(박용권, 2025).

사회복지 기관은 상담, 치료, 교육, 재활, 정보 제공 등 무형의 서비스 제공

활동을 통해 바람직한 인간 및 사회적 가치를 창출한다. 이러한 가치가 클라이언트, 자원제공자, 권위 및 자격 부여 기관, 일반 대중과 같은 표적시장 또는 표적 집단으로부터 중요하다고 인정되면, 이용료, 재원, 권위, 인정 등의 가치를 인정받는 교환 관계가 성립한다. 이러한 관점에서 사회복지기관의 마케팅에서는 제공하는 서비스의 질적 우수성 확보가 중요하며, 더 나아가 기관의 사명과 목적, 그리고 기관 운영의 책임성과 투명성 또한 중요한 가치로 간주 될 수 있다(박용권, 2025).

2) 프로그램 마케팅의 목표와 원칙

프로그램 마케팅은 프로그램의 고유한 목적과 가치를 표적 집단에 효과적으로 전달하여 프로그램의 지속가능성을 확보하고 사회적 가치를 실현하는 것을 목표로 한다. 프로그램 마케팅의 핵심 원칙을 제시하면 다음과 같다.

(1) 서비스 수요자 중심의 가치 창출이 가장 중요한 원칙이다.
(2) 사회적 책임과 윤리성을 유지하는 원칙이다.
(3) 프로그램 마케팅은 프로그램의 특성과 조직의 사회적 사명을 반영해야 한다.
(4) 프로그램 마케팅은 상호협력과 네트워크의 중요성을 인식해야 한다.

이러한 목표와 원칙은 사회복지 프로그램의 마케팅이 프로그램과 조직의 사명을 실현하고 사회적 신뢰를 구축하는 전략적 과정임을 보여준다. 따라서 사회복지 프로그램 마케팅은 참여자 중심의 가치 실현, 윤리성 및 사회적 책임준수, 조직의 미션과 비전의 일관성, 지역사회 협력 등을 통합적으로 수행되어야 한다(박용권, 2025).

또한 사회복지 프로그램 마케팅은 제품 마케팅과 차이가 있다. 사회복지조직에서 제공하는 사프로그램(서비스)의 특징은 다음과 같다(황성철 외, 2020).

(1) 서비스의 무형성 : 서비스를 이용하기 전에는 서비스 제공자의 주장을 확인할 수 있는 방법이 없기 때문이다.
(2) 서비스의 다양성과 복잡성 : 서비스 이용자의 개별 욕구를 중시하기 때문에 다양한 서비스가 제공되어야 한다. 또한 서비스와 관련된 이해집단이 다양하여 욕구를 충족시키는 과정이 매우 복잡한 특징이 있다.

(3) 생산과 소비가 동시에 일어난다 : 생산자와 소비자가 서비스 생산과정에 동시에 참여한다.

(4) 서비스의 소멸성 : 사회복지서비스는 식품이나 가전제품처럼 쌓아두거나 저장할 수 없다. 그래서 서비스는 반환하거나 되팔 수 없음. 참여하지 않으면 소멸된다.

3) 프로그램 마케팅 전략과 과정

사회복지 프로그램 마케팅은 사회복지기관의 사명과 프로그램의 목표를 실현하기 위해 수행되는 전략적이고 체계적인 관리 활동이다.
마케팅 전략 과정은 단순한 홍보 기법이 아니라, 사회복지조직이 공공성과 전문성을 유지하면서 효과적인 서비스 전달을 실현하기 위한 필수적인 관리·기획 과정이라 할 수 있다.

마케팅 전략 수립의 과정에서 핵심 내용은 고객, 기관, 경쟁자와 고객 세분화, 표적시장 선택 및 포지셔닝이다. 따라서 마케팅과정은 기관환경분석, 마케팅 조사, 마케팅 목표 설정, 시장분석, 마케팅 실행(4P), 마케팅 평가 등으로 구성된다.

(1) 환경분석(Environment Analysis)

환경분석이란 사회복지조직이 프로그램을 기획하고 실행하는 과정에서 영향을 미치는 내부 및 외부 환경요인을 체계적으로 파악하는 과정을 의미한다. 환경분석을 통해 기관은 현재 자신이 어떤 조건 속에 놓여 있는지를 이해하고, 실현가능한 목표와 전략을 설정할 수 있다.

① 외부환경 분석

외부환경 분석은 사회복지조직이 직접 통제할 수는 없지만, 프로그램의 성공 여부에 중요한 영향을 미치는 요인을 파악하는 것이다. 외부환경 분석은 사회문제의 발생 배경과 변화 추세를 이해하고, 프로그램의 필요성과 정당성을 확보하는 데 중요한 근거가 된다.

- 인구·사회학적 환경 : 인구 구조 변화, 가족 형태, 고령화, 다문화 증가 등
- 경제적 환경 : 지역경제 수준, 실업률, 후원 여건, 재정 지원 가능성

• 정책·제도 환경 : 사회복지 관련 법·제도, 중앙 및 지방정부 정책 방향
• 지역사회 환경 : 지역 내 복지자원, 유관기관, 경쟁 또는 협력 관계

② 내부환경 분석

내부환경 분석은 사회복지조직이 보유한 자원과 역량을 점검하는 과정이다. 내부환경 분석을 통해 기관은 "무엇을 할 수 있는가"를 현실적으로 판단하게 되며, 이는 과도한 목표 설정을 방지하고 실행 가능성을 높인다.

• 인적 자원 : 사회복지사의 전문성, 경험, 업무 역량
• 물적·재정 자원 : 예산 규모, 시설, 장비, 운영 안정성
• 조직 운영 특성 : 조직 문화, 의사결정 구조, 업무 체계
• 기존 프로그램 경험 : 유사 프로그램 운영 성과와 한계

(2) STP 전략의 이해

환경분석을 통해 수집된 정보는 STP 전략 수립의 기초 자료로 활용된다. STP 전략은 누구에게(Segmentation, Targeting), 어떤 가치로(Positioning) 서비스를 제공할 것인가를 결정하는 과정이다.

① 시장세분화(Segmentation)

시장세분화란 지역사회 구성원을 일정한 기준에 따라 유사한 특성을 가진 집단으로 나누는 과정이다. 사회복지 영역에서는 이를 통해 다양한 욕구를 가진 대상자를 보다 정확하게 이해할 수 있다. 시장세분화는 모든 사람을 동일하게 지원하는 방식에서 벗어나, 욕구 중심의 맞춤형 서비스 제공을 가능하게 한다. 주요 세분화 기준은 다음과 같다.

• 인구·사회학적 기준 : 연령, 성별, 소득 수준, 가족 유형
• 욕구 및 문제 중심 기준: 정서 문제, 경제적 어려움, 돌봄 공백
• 위험 및 취약성 기준: 위기 수준, 서비스 접근성, 중복 문제 여부

(3) 표적시장 선정(Targeting)

표적시장 선정이란 세분화된 집단 중에서 기관의 목적과 자원, 환경에 가장

적합한 대상 집단을 우선적으로 선택하는 과정이다. 이 단계에서는 다음과 같은 기준이 고려된다.

- 문제의 심각성과 시급성
- 대상 집단의 규모와 접근 가능성
- 기관의 전문성과 경험
- 재정 및 인력 자원의 적합성

(4) 포지셔닝(Positioning)

포지셔닝이란 선택된 표적시장에게 해당 프로그램이나 서비스가 어떤 가치와 특징을 지닌 것으로 인식되기를 원하는지를 명확히 하는 과정이다. 명확한 포지셔닝은 서비스 전달의 일관성을 높이고, 이용자·후원자·지역사회로부터의 신뢰 형성에 기여한다. 사회복지 프로그램의 포지셔닝은 다음과 같은 질문을 통해 구체화된다.

- 이 프로그램은 어떤 문제해결에 초점을 두는가?
- 기존 서비스와 비교했을 때 차별성은 무엇인가?
- 이용자와 지역사회는 이 서비스를 어떻게 인식해야 하는가?

환경분석과 STP 전략은 사회복지 마케팅 과정의 기초 단계로서, 이후 마케팅 목표 설정과 전략 수립의 방향을 결정한다. 환경에 대한 정확한 이해 없이 수립된 마케팅 전략은 실효성을 갖기 어렵다. 따라서 사회복지조직은 환경분석 → STP 전략 → 실행 및 평가라는 논리적 흐름 속에서 마케팅을 접근해야 한다.

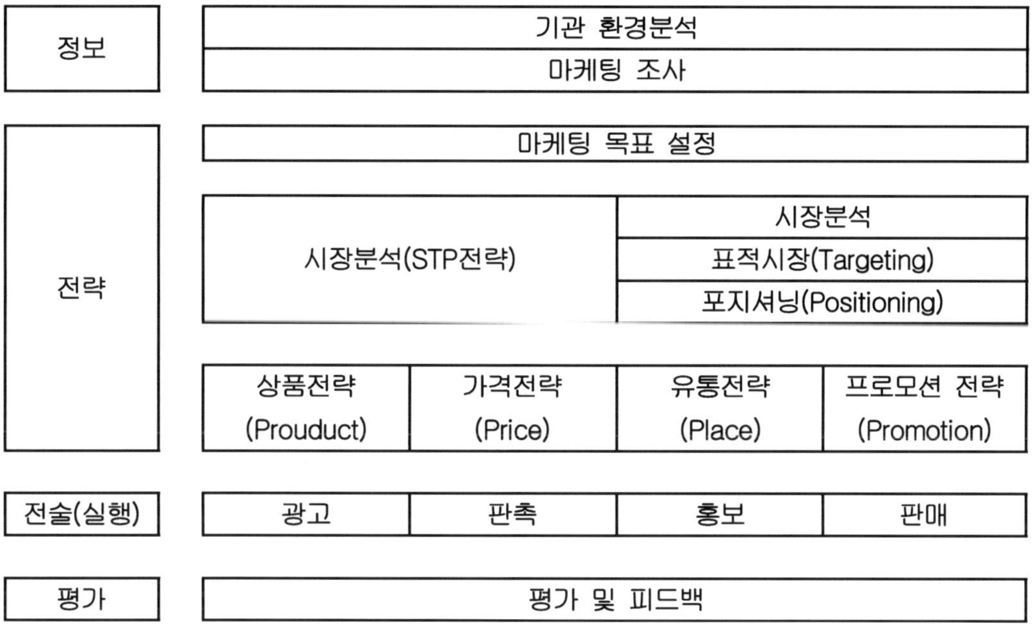

구분				
정보	기관 환경분석			
	마케팅 조사			
전략	마케팅 목표 설정			
	시장분석(STP전략)		시장분석	
			표적시장(Targeting)	
			포지셔닝(Positioning)	
	상품전략 (Prouduct)	가격전략 (Price)	유통전략 (Place)	프로모션 전략 (Promotion)
전술(실행)	광고	판촉	홍보	판매
평가	평가 및 피드백			

<그림 9-1> 마케팅 프로세스

4) 마케팅 구성요소

마케팅 믹스는 마케팅 활동을 실행하기 위한 구체적인 수단의 조합으로, 설정된 마케팅 목표를 달성하기 위해 어떤 전략적 요소를 어떻게 활용할 것인지를 종합적으로 결정하는 과정이다.

일반적으로 마케팅 믹스 전략은 환경분석과 STP 전략이 수립된 이후에 설계된다. 즉, 누구를 대상으로 어떤 가치를 제공할 것인지를 먼저 결정한 다음, 이를 실제로 구현하기 위한 구체적인 전략 수단으로서 마케팅 믹스가 활용된다. 전통적으로 가장 널리 활용되는 마케팅 믹스 모형은 제품(Product), 가격(Price), 유통경로(Place), 촉진(Promotion)으로 구성된 4P 전략이다. 이 모형은 마케팅 활동을 체계적으로 이해하고 관리하는 데 유용한 틀을 제공해 왔다. 그러나 서비스 산업의 확대와 함께, 특히 공공 및 비영리 영역에서는 기존의 4P만으로는 서비스의 특수성을 충분히 설명하기 어렵다는 한계가 제기되어 왔다.

이러한 문제의식 속에서 마케팅 믹스 요소는 영역별 특성에 따라 확장되어 왔으며, 일부에서는 기존의 4P에 추가적인 요소를 포함하는 방식으로 활용되고 있다. Fine(1992)은 공공 및 비영리 서비스의 특성을 반영하여, 마케팅 믹스에 생산자(producer), 구매자(purchaser), 조사(probing)라는 요소를 제시하였다. Fine의 관점에 따르면, 공공·비영리 서비스의 마케팅 전략이 효과적으로 수립·실행되기 위해서는 우선 서비스를 안정적으로 제공할 수 있는 적합한 생산자, 즉 조직과 인적 자원이 전제되어야 한다. 또한 서비스 이용자와 관련된 욕구, 특성, 행동을 충분히 이해하는 과정이 필수적이며, 이를 위해 체계적인 조사와 분석이 수반되어야 한다. 이러한 조사는 전략 수립의 객관성과 타당성을 높이는 과학적 근거로 기능한다.

결국 공공 및 비영리 영역에서의 마케팅 믹스는 단순한 홍보 수단의 조합이 아니라, 조직의 역량, 이용자의 특성, 그리고 조사에 기반한 전략적 판단이 유기적으로 결합된 실행 전략이라 할 수 있다. 이는 사회복지조직이 보다 책임있고 효과적으로 서비스를 제공하기 위한 핵심적인 관리 도구로 활용된다.

(1) 제품(product)

영리조직에서는 상품에 해당하는 의미이다. 사회복지 프로그램에서는 제공되는 프로그램을 걸명하는 것이다. 예를 들어, 아동 방과후교실, 1인 가구 지원사업, 장애인 재활 프로그램, 독거노인 고독사 예방 프로그램, 특별 프로그램(계절별 행사: 김장서비스, 여름캠프 등) 등 사회복지기관의 목적 사업을 비롯해 구체적인 프로그램으로 구성된다,

(2) 가격(price)

가격은 소비자가 지불하는 상품의 금액을 의미한다. 사회복지 프로그램에서의 가격은 서비스 이용자가 프로그램에 참여하기 위한 비용을 말한다. 예를 들어, 프로그램 참가비, 재료비 등의 지불 금액이다. 하지만 대부분의 사회복지 프로그램은 참여자에게 무료로 제공하는 경우가 많다. 이러한 특성을 반영해 사회복지기관은 프로그램에 투입되는 재정자원을 외부공모사업이나 후원자 개발로 확보하고 있다. 이에 마케팅에서의 사회복지 프로그램 가격은 서비스 이용자가 참여하는 프로그램 전체 사업비를 의미한다고 볼 수 있다.

(3) 유통(place)

영리 조직에서의 유통은 판매경로이다. 소비자가 쉽게 상품을 구매할 수 있

는 경로(온·오프)를 마련하는 것이다. 이를 사회복지 프로그램에 적용한다면 서비스를 이용하는 시간과 장소 등 접근성이나 아웃리치(찾아가는 서비스) 형식의 구조로 설명할 수 있다. 예를 들어 아동 방과후 교실을 운영한다고 하면 아동들의 이용 접근성이 쉬운 곳에 셋팅이 되어야 한다. 노인들에게 현품을 지원하는 프로그램에서는 효율적으로 배분할 수 있는 전달체계 경로를 확보하는 것이다. 또한 사회복지 후원 모금에서의 유통은 모금을 대중들이 쉽게 후원을 할 수 있는 경로들을 마련하는 것이다(지하철역, 광장, 방송모금 등).

(4) 촉진(promotion)

촉진은 광고전략, 판촉전략, 홍보전략, 영업전략까지를 포함한다. 상품의 경우 유명 연예인을 활용한 마케팅은 물론 회사의 가치를 다양한 매체(언론홍보, 광고 등)를 통해 홍보함으로써 이미지 제고와 상품 판매를 한다. 사회복지 프로그램 또한 서비스 이용자가 참여하지 않으면 좋은 프로그램이라도 의미가 없어진다. 이에 프로그램 목적 및 참여자 확보를 위한 홍보를 다양한 경로를 통해 진행하게 된다. 여기서 주목할 점은 사회복지기관의 홍보가 단순히 이용자를 대상으로만 하는 것이 아니라 프로그램을 기획한 주체 기관의 신뢰도와 이미지도 중요한 요소임을 간과해서는 안된다.

비영리기관의 마케팅에 관해 언급한 Fine(1992)은 비영리기관에서 4P만을 가지고 최적의 마케팅 믹스를 도출해 내는 것은 무리가 있다고 주장하면서 추가적으로 3P가 함수에 포함되어야 한다고 강조하였다.

- 생산자(Product) : 마케팅을 위해 구매자와 교환할 아이디어를 창출하고 메시지를 생산해 내는 주체를 의미한다.
- 구매자(Purchaser) : 기업의 마케팅에서 구매자는 일반적으로 잠재적 고객을 의미한다.
- 조사(Probing) : 소비자 조사는 마케팅 담당자들이 사용하는 가장 중요한 도구이지만 때로는 지나치게 남용되기도 한다. 대부분의 경우 조사가 너무 과장되거나 불충분하기 때문에 일어나는 현상이다.

5) 마케팅 방법

사회복지 프로그램의 정당성 확보와 클라이언트 확보를 위한 마케팅 방법은 매우 다양하다. 사회복지 프로그램에 대한 관심을 높이고 반드시 수행해야 한다는 필요성에 공감을 유도하고, 잠재적 클라이언트 참여 욕구를 높일 방법을 활용해야 한다. 사회복지 마케팅 방법으로는 다음과 같다.

〈표 9-1〉 프로그램 마케팅 방법

구 분	실행방법
언론홍보	보도자료, 신문광고, 방송홍보, 인터뷰
인쇄 및 홍보물	회보발행(소식지), 전단지, 리플렛, 브로슈어, 포스터, 팜플렛, 사업보고서, 연간보고서 ,홍보물품 제작
전파매체 홍보	TV광고, 케이블TV, 라디오 등
이벤트 및 특별행사	지역주민 축제, 캠페인, 바자회, 음악회, 길거리 홍보 등
온라인 홍보	기관 홈페이지, 블로그, 웹포스터, 이메일 뉴스레터, 온라인 배너
옥외광고	기관게시판, 현수막, 버스·지하철 광고, 배너, 전광판
소셜 네트워크(SNS)	인스타그램, 페이스북, 유튜브, 블로그, 까페, 카카오 채널 등
직접방문	지역내 가구방문, 반상회, 관공서, 지역내 주요 기관방문 등
기관내 홍보	이용자, 자원봉사자, 후원자
기타	전화, 문자, 홍보용 영상 등

2. 서비스의 질

1) 서비스의 질 개념과 중요성

서비스의 질이란 사회복지조직이 제공하는 서비스가 참여자와 지역사회가 기대하는 수준을 얼마나 충족시키고 있는지를 의미한다. 사회복지 서비스는 유형의 재화와 달리 생산과 소비가 동시에 이루어지는 무형적 특성을 지니며, 서비스 제공 과정에서 클라이언트의 직접적인 참여가 필수적이다. 이러한 특성으로 인해 서비스의 질은 단순한 결과보다는 서비스 제공 과정 전반에서 경험되는 만족도와 제공 인력의 전문성을 통해 인식된다.

사회복지 프로그램에서 서비스의 질은 프로그램의 효과성과 수용성을 좌우하는 핵심 요소이다. 양질의 서비스는 참여자의 만족도를 높일 뿐만 아니라, 지속적인 프로그램 참여와 긍정적인 서비스 경험으로 이어진다. 특히 서비스의 질은 첫째, 클라이언트의 문제 해결과 삶의 질 향상에 직접적인 영향을 미친다. 둘째, 기관에 대한 신뢰와 긍정적인 평판 형성에 중요한 기반이 된다. 셋째, 프로그램의 장기적 운영과 성과 창출에 결정적인 역할을 수행한다는 점에서 그 중요성이 강조된다(박용권, 2025).

2) 서비스의 질 평가 및 구성요소

서비스의 질을 체계적으로 이해하고 측정하기 위한 대표적인 모형으로는 Parasuraman 등(1988)이 제시한 SERVQUAL 모형이 있다. 이 모형은 서비스 이용자가 인식하는 질을 다차원적으로 설명하며, 사회복지 서비스의 평가에도 널리 활용되고 있다. SERVQUAL 모형은 신뢰성, 반응성, 확신성, 공감성, 유형성의 다섯 가지 구성요소로 이루어져 있으며, 각 요소는 클라이언트의 서비스 경험과 만족도 형성에 중요한 영향을 미친다(박용권, 2025).

첫째, 신뢰성은 약속된 서비스가 정확하고 일관되게 제공되는 정도를 의미한다. 사회복지 프로그램에서는 서비스 제공의 정확성, 일정 준수, 클라이언트와의 약속 이행 등을 통해 신뢰성이 확보된다.

둘째, 반응성은 서비스 제공자가 클라이언트의 요구나 문제에 얼마나 신속하고 적극적으로 대응하는지를 나타낸다. 이는 서비스 이용 과정에서 클라이언트가 체감하는 지원의 적시성과 밀접하게 관련된다.

셋째, 확신성은 서비스 제공 인력이 전문적인 지식과 기술을 갖추고 있으며, 클라이언트가 안심하고 서비스를 이용할 수 있도록 하는 정도를 의미한다. 이는 제공자의 전문성, 태도, 신뢰감을 통해 형성된다.

넷째, 공감성은 클라이언트의 개별적인 상황과 욕구를 이해하고 이를 서비스 제공 과정에 반영하는 능력을 말한다. 사회복지 서비스에서 공감성은 개별화된 접근과 인간 중심적 실천을 가능하게 하는 핵심 요소이다.

다섯째, 유형성은 시설, 장비, 환경, 자료 등과 같은 가시적인 요소를 포함한다. 사회복지 프로그램에서는 상담 공간의 청결성과 접근성, 프로그램 자료의 전문성과 정돈 상태 등이 클라이언트의 서비스 인식에 영향을 미칠 수 있다.

이와 같은 서비스 질 평가 요소를 활용하면 사회복지조직은 서비스 제공 수준을 객관적으로 점검하고, 개선이 필요한 영역을 체계적으로 도출할 수 있다. 이는 궁극적으로 서비스의 질 향상과 프로그램 성과 제고로 이어진다.

〈표 9-2〉 SERVQUAL 요소별 사회복지 서비스 사례

SERVQUAL 요소	개념 요약	사회복지 현장 적용 사례
신뢰성 (Reliability)	약속된 서비스를 정확하고 일관되게 제공하는 정도	아동·청소년 상담 프로그램에서 정해진 일정에 따라 상담이 지속적으로 제공되고, 사전에 안내된 서비스 내용이 변경 없이 실행되는 경우
반응성 (Responsiveness)	클라이언트의 요구에 신속하고 적극적으로 대응하는 정도	긴급 생계지원 요청이 접수되었을 때 담당 사회복지사가 즉시 연락하고, 필요한 서류 안내 및 지원 절차를 빠르게 진행하는 경우
확신성 (Assurance)	제공 인력의 전문성과 신뢰감으로 인해 클라이언트가 안심하는 정도	사례관리 사회복지사가 관련 법·제도와 자원에 대한 충분한 지식을 바탕으로 명확하게 설명하여 이용자가 서비스 과정에 신뢰를 갖게 되는 경우
공감성 (Empathy)	클라이언트의 개별적 상황과 욕구를 이해하고 반영하는 정도	다문화가정 부모 상담 시 언어·문화적 배경을 고려하여 상담 방식을 조정하고, 가족의 생활 여건에 맞는 지원 계획을 수립하는 경우
유형성 (Tangibles)	시설, 환경, 자료 등 가시적 요소의 질	상담실이 청결하고 프라이버시가 보호되는 구조로 마련되어 있으며, 프로그램 안내자료가 이해하기 쉽게 정리되어 제공되는 경우

3) 서비스의 질 평가도구 및 방법

사회복지 프로그램에서 서비스의 질을 객관적이고 체계적으로 평가하기 위해서는 다양한 도구와 방법이 활용된다. 이러한 평가는 프로그램의 강점과 개선점을 파악하고, 참여자의 만족도를 증진하며, 프로그램의 효과성을 강화하기 위한 기초자료를 제공한다. 서비스의 질 평가는 단일 측면이 아니라 프로그램 전반의 과정을 반영하는 다면적 접근이 필요하다. 서비스 질 관리를 위해서는 다음과 같은 도구들을 활용할 수 있다(박용권, 2025).

- SERVQUAL 설문지 : Parasuraman 등(1988)이 개발한 도구로, 서비스 기대와 인지된 성과 간의 차이를 측정하여 서비스 질 수준을 평가하는 데 사용된다.
- 이용자 만족도 조사 : 설문지, 인터뷰 등을 활용하여 서비스 이용자의 만족도를 측정한다.
- 고충처리 시스템 : 이용자의 불만이나 건의 사항을 접수하고 처리하는 체계로, 서비스 문제점을 파악하고 개선하는 데 활용된다.

• 직원 교육 및 훈련 프로그램 : 서비스 역량강화를 위한 교육 프로그램을 운영하여 직원의 전문성을 높인다.
• 벤치마킹 : 우수 서비스 제공기관의 사례를 분석하고, 자기 기관에 적용하여 서비스의 질을 향상시키는 전략으로 활용가능하다.

제10장. 사회복지 프로그램 평가의 이해

사회복지 프로그램은 좋은 의도만으로 성공할 수 없다. 아무리 필요성이 높고 대상자의 욕구를 잘 반영한 프로그램이라 하더라도, 실제로 어떤 변화가 발생했는지, 투입된 자원은 적절하게 사용되었는지, 프로그램은 계획대로 실행되었는지에 대한 검토가 이루어지지 않는다면 그 가치는 충분히 입증될 수 없다. 이러한 점에서 사회복지 프로그램 평가는 프로그램의 '마무리'가 아니라 '책임과 학습의 과정'이라고 할 수 있다.

사회복지 프로그램 평가는 단순히 사업이 잘되었는지 여부를 판단하는 절차가 아니다. 평가는 프로그램의 효과성(effectiveness), 효율성(efficiency), 적절성(appropriateness), 지속가능성(sustainability) 등을 체계적으로 검토하여, 프로그램이 대상자와 지역사회에 어떠한 의미 있는 변화를 만들어냈는지를 확인하는 과정이다. 더 나아가 평가는 향후 프로그램의 개선과 의사결정, 정책 및 예산 배분, 전문적 실천의 질 향상을 위한 핵심 근거로 활용된다.

이 장에서는 사회복지 프로그램 평가의 기본 개념과 목적, 유형, 과정, 기준, 윤리적 고려 사항 등을 살펴보고자 한다.

1. 프로그램 평가의 의미

1) 프로그램 평가의 개념

평가(evaluation)란 어떤 대상이 지닌 가치(value)를 판단하는 과정을 의미한다. 따라서 프로그램 평가란 특정 프로그램이 의도한 목적을 달성하였는지, 그리고 그 결과가 사회적으로 의미 있고 정당한 가치를 지니는지를 판단하는 활동이라 할 수 있다. 사회복지 프로그램 평가의 개념을 보다 명확히 이해하기 위해 주요 학자들의 정의를 살펴보면 다음과 같다.

Rossi 외(1993)는 프로그램 평가를 정책이나 프로그램의 효용성을 향상시키기 위해 논리적이고 과학적인 사정 방법을 활용하는 의도적인 노력으로 정의하였다. Grinnell 외(2010)는 사회문제나 욕구에 대응하기 위해 실시된 프로그램의 성과를 측정하는 과정에서 신뢰성과 타당성이 확보된 연구 방법을 적용하는 활동으로 설명하였다. Kettner 외(2022)는 프로그램 평가를 프로그램이 초래한 변화와 결과에 주목하며, 특히 프로그램 개입으로 인해 발생한 인과관계 규명에 초점을 둔다고 보았다. 또한 York(1982)는 프로그램 평가를 가치 판단의 과정, 즉 프로그램의 가치를 측정하고 그 타당성을 검토하는 절차로 정의하였다.

이러한 정의들을 종합해 보면, 프로그램 평가는 단순히 결과를 측정하는 데 그치지 않고, 성과나 영향이 어떠한 기준에 비추어 수용 가능하고 타당한지 판단하기 위한 기준을 설정하고 적용하는 과정임을 알 수 있다. 즉 사회복지 프로그램 평가는 수용 가능한 기준을 구체화하고, 이를 설명하며, 실제 평가 과정에 적용하는 전 과정을 사회적·과학적 방법에 근거하여 수행하는 활동이라고 할 수 있다. 결국 프로그램 평가 개념의 핵심은 무엇을 기준으로 프로그램의 가치를 판단할 것인가를 명확히 제시하는 데 있다(이민홍 외, 2024).

이를 바탕으로 사회복지 프로그램 평가는 프로그램의 효과성, 서비스의 질, 효율성, 영향 등과 같은 성과를 측정하기 위해 평가 기준을 설정하고, 프로그램의 기획·실행·결과 단계에서 자료를 체계적으로 수집·분석하여, 그 결과를 통해 프로그램 개선과 이해관계자의 합리적 의사결정을 지원하는 과정으로 정의할 수 있다(Rubin & Babbie, 2016).

한편 사회복지 프로그램 평가의 개념에는 다음과 같은 세 가지 주요 특성이 포함된다(Royse et al., 2015).

첫째, 효과성 측정과 의사결정 기능이다. 평가 결과는 프로그램의 투입, 과정, 산출, 성과에 대한 환류 정보를 제공하여, 프로그램 관리자와 정책 결정자가 향후 운영 방향과 자원 배분에 관한 중요한 결정을 내릴 수 있도록 돕는다.

둘째, 체계적인 절차와 조사 방법의 활용이다. 프로그램 평가는 연구 설계와 조사 방법을 토대로 자료 수집과 분석이 이루어지는 과학적 과정으로 수행된다.

셋째, 정치·사회적 특성이다. 평가의 목적, 평가 대상, 수행 주체, 활용 방식에 따라 평가 결과는 서로 다르게 해석될 수 있으며, 프로그램의 정당성을 옹호하거나 특정 주장을 뒷받침하는 근거로 활용될 수 있다는 점에서 정치·사회적 성격을 지닌다.

2) 프로그램 평가의 목적

사회복지 프로그램 평가는 단순히 프로그램의 성과를 확인하는 절차가 아니라, 프로그램의 가치와 정당성을 검토하고 향후 의사결정을 지원하기 위한 핵심적인 관리 활동이다. 프로그램 평가는 프로그램이 설정된 목적에 부합하게 운영되고 있는지를 점검하고, 제한된 자원이 효과적으로 활용되고 있는지를 판단함으로써 사회복지 실천의 책임성과 전문성을 강화하는 데 중요한 역할을 한다.

사회복지 프로그램 평가의 주요 목적은 다음과 같이 정리할 수 있다(Royse et al.,2015, Kettner et al., 2022, Rossi et al., 2004).

첫째, 프로그램의 효과성과 성과를 검증하기 위함이다. 프로그램 평가는 프로그램 참여로 인해 대상자의 상태나 행동, 환경에 어떠한 변화가 발생하였는지를 분석하여, 프로그램이 의도한 목표를 실제로 달성하였는지를 확인하는 데 목석이 있다. 이를 통해 프로그램의 성과와 영향력을 객관적으로 판단할 수 있다.

둘째, 프로그램 개선과 질 향상을 도모하기 위함이다. 평가 결과는 프로그램의 강점과 한계를 구체적으로 드러내며, 이를 토대로 서비스 내용, 전달 방식, 운영 절차 등을 개선할 수 있는 근거를 제공한다. 즉, 평가는 프로그램의 지속적인 질 관리와 발전을 위한 학습 도구로 기능한다.

셋째, 책무성(accountability) 확보이다. 사회복지 프로그램은 공공 재원이나 후원금 등 사회적 자원을 활용하여 운영되므로, 프로그램 운영 결과에 대해 사회적 책임을 져야 한다. 특히 효율성, 품질, 효과성 관점에서 프로그램 성과를 측정하여 자원의 적절한 사용과 그에 따른 결과를 이해관계자에게 설명하고, 프로그램의 존재 이유를 정당화하는데 중요한 수단이 된다.

넷째, 의사결정 지원이다. 프로그램 평가 결과는 프로그램의 유지, 확대, 축소, 종료 여부에 대한 합리적인 판단 근거를 제공한다. 특히 관리자와 정책결정자는 평가 결과를 활용하여 자원 배분과 정책 방향 설정에 필요한 정보를 얻을 수 있다.

다섯째, 전문성 및 실천 역량 강화이다. 평가 과정에 참여한 실천가는 자신의 개입 활동을 성찰하고, 근거 기반 실천(evidence-based practice)을 강화할 수 있다. 이는 사회복지 실천의 전문성과 신뢰성을 제고하는 데 기여한다.

2. 프로그램 평가의 기준

프로그램 평가가 효과적으로 이루어지기 위해서는 무엇보다도 분명한 평가 기준의 설정이 선행되어야 한다. 평가 기준은 프로그램이 의도한 방향대로 수행되었는지를 판단하는 기준점이자, 성과의 수준과 가치를 비교·판단하는 준거로 기능한다. 이를 통해 프로그램 운영 과정이 자원을 합리적으로 활용했는지, 설정된 목표가 어느 정도 실현되었는지, 그리고 계획 단계에서 기대했던 변화나 성과가 실제로 나타났는지를 종합적으로 검토할 수 있다.

만약 평가 기준이 명확하지 않거나 평가자의 개인적 판단, 제한된 정보에 의존하여 평가가 이루어진다면, 그 결과는 신뢰성과 타당성을 확보하기 어렵다. 따라서 프로그램 기획자는 초기 기획 단계에서부터 평가 기준을 구체적으로 설계하고 이를 평가 과정에 일관되게 적용함으로써, 프로그램의 실행 과정과 성과를 객관적이고 체계적인 방식으로 분석·판단할 수 있어야 한다.

사회복지영역에서의 평가 기준에 대해서는 국내외 여러 학자가 다양한 기준을 제시하였다. 평가 기준은 평가의 목적이나 수행 주체에 따라 달라진다. 여기서는 국내외 학자들이 제시한 다양한 평가 기준의 요소 중 York(1982)가 제시한 노력성, 효율성, 효과성, 영향, 서비스 질, 과정, 형평성에 대해 구체적으로 살펴보고자 한다(박용권, 2024. 재구성).

1) 노력성

노력(effort)은 프로그램을 위해 투입된 자원과 활동의 양을 측정하는 기준이다. 이는 프로그램이 실제로 계획대로 실행되고 있는지를 확인하는 데 중요한 역할을 한다. 노력 평가는 다음과 같은 요소들을 포함한다.

- 프로그램에 참여한 클라이언트 수 : 상담 건수, 서비스 접수 건수, 집단 활동 참여자 수
- 인적자원 투입 정도 : 사회복지사 수, 자원봉사자 수, 참여 전문가 수
- 물적자원 투입 정도 : 예산지출 금액, 기자재, 장비 투입 횟수, 시설공간 이용률
- 업무수행 활동 : 면접 횟수, 상담 횟수, 가정방문 수, 치료 건수, 집단활동 횟수, 출장 횟수

노력 평가는 '얼마나 열심히 했는지'를 보는 프로그램 산출(output)을 확인하는 데 초점을 둔다. 이 기준은 상대적으로 자료 수집이 용이하며, 프로그램 운영의 기초자료로 활용될 수 있는 장점이 있다. 그러나 노력은 성과달성의 필요조건이지 충분 조건은 아니다. 노력 평가는 활동의 규모와 ㅈ자원 투입 수준을 파악하는 정도로 활용하는 것이 좋다.

2) 효과성

효과성(Effectiveness)은 프로그램이 기획한 목표를 달성한 정도를 평가하는 기준이다. 이는 프로그램 평가에서 가장 핵심적인 기준으로, 프로그램에 참여하고 있는 클라이언트가 얼마나변화하였는지, 문제나 욕구를 실제로 해결했는지의 성과 중심의 평가라고 할 수 있다.

효과성 평가는 목표와 결과의 연결을 중심으로 분석한다. 프로그램이 달성하고자 한 목표가 실제로 어느 정도 실현되었는지를 수치나 지표로 파악한다.

- 프로그램 참여 전후의 변화 비교 : 클라이언트의 인지·감정 변화(성인지 지식, 자기 효능감), 클라이언트의 행동상 변화

3) 효율성

효율성(efficiency)은 투입 대비 산출의 비율을 분석하는 기준으로, 프로그램이 투입된 자원(재정, 시간, 인력, 물리적 공간)과 산출(서비스 제공 실적)이나 성과(클라이언트의 변화 정도)의 비율로 측정된다. 같은 결과를 더 적은 비용으로 달성하거나, 같은 비용으로 더 많은 결과를 달성할수록 효율성이 높다고 평가한다.

효율성 평가는 프로그램 간 비교를 가능하게 한다. 비용-산출 비율을 기준으로 유사한 프로그램을 비교하면, 동일한 결과를 산출하는데 어떤 프로그램이 더 경제적인지를 확인하는 방식이다. 예를 들어, '클라이언트 1인당 월평균 서비스 제공 비용'이나 '취업 성공자 1인당 소요된 비용'과 같은 지표를 활용할 수 있다.

4) 영향

영향(impact)은 프로그램이 클라이언트의 삶과 지역사회 전반에 걸쳐 나타나는 지속적이고 본질적인 변화를 분석하는 평가 기준이다. 즉, 영향 평가는 사회문제 수준에서의 변화를 분석하는 것이다. 효과성 평가가 프로그램 종료 시점이나 직후의 변화에 대한 초점이나 프로그램의 직접적이고 단기적인 목표 달성도를 측정한다면, 영향은 프로그램의 장기 성과로서 사회적 조건의 변화(실업률, 자살률, 학교폭력 발생률 등)에 초점을 둔다고 할 수 있다.

5) 서비스의 질

서비스 질 평가는 제공되는 서비스가 전문적 기준과 클라이언트의 기대를 충족하는 정도를 평가하는 기준입니다. 이는 서비스 전달 과정에서의 우수성을 강조한다. 서비스 질은 이용자 중심에서 평가되어야 하므로 클라이언트 만족도가 중요하다. 자주 활용되는 서비스 질을 측정하는 지표는 다음과 같다.

• 인력의 전문성과 태도(사회복지사, 간호사 등 전문인력의 자격과 경험)
• 서비스 환경의 적절성, 접근성과 편의성(서비스 전달체계, 서비스 기준 등)
• 클라이언트 만족도(서비스의 질 만족도)

서비스 질 평가는 흔히 클라이언트 만족도 조사, 동료평가, 외부 전문가의 질 평가 등을 통해 이루어진다.

6) 과정

과정(process) 프로그램이 실제로 어떻게 운영되고 있는지, 서비스가 어떤 방식으로 전달되고 있는지를 평가하는 기준이다. 즉, 프로그램의 활동 방법과 절차, 참여자 특성, 자원 배분, 조직구조 등을 체계적으로 검토하는 평가 기준이다.

과정평가는 프로그램이 계획된 대로 실행되고 있는지, 서비스 전달 과정에서 어떤 일이 일어나고 있는지를 모니터링하고 분석한다. 이를 통해 프로그램의 성과가 왜 나타났는지 또는 왜 나타나지 않았는지를 이해할 수 있는 근거를 제공한다.

따라서 과정평가는 프로그램이 설계된 대로 실행되고 있는지를 평가한다. 계획된 활동이 모두 이루어지고 있는지, 정해진 절차가 준수되고 있는지, 의도된 강도와 빈도로 서비스가 제공되고 있는지 등을 확인함으로써 프로그램이 더 좋은 성과를 도출할 수 있는 근거를 제공한다.

7) 형평성

형평성(equity) 프로그램의 혜택이 참여자 모두에게 공정하게 제공되는지를 평가하는 기준이다. 특히 사회복지 프로그램에서 형평성은 중요한 가치이자 평가 기준이다.

형평성은 서비스가 필요한 모든 사람이 동등하게 접근할 수 있는가?, 자원이 욕구에 따라 적절히 배분되고 있는가?, 다양한 집단에서 비슷한 효과가 나타나는가? 등 서비스 접근의 공평성, 자원 배분의 공정성, 결과의 형평성에 초점을 두고 분석하는 방식이다.

이상의 평가 기준의 개념 설명을 통해 실제 적용을 위한 평가 질문을 개발한다면 다음과 같은 질문을 통해 확인할 수 있다.

• 노 력 : "프로그램은 계획된 서비스를 제공하고 있는가?"
• 효과성 : "프로그램 참여자의 우울 수준이 감소했는가?"
• 효율성 : "클라이언트 1인당 서비스 제공 비용은 적절한가?"
• 영 향 : "프로그램이 클라이언트의 삶에 지속적이고 근본적인 변화를 가져왔는가?"
• 서비스질 : "클라이언트는 제공된 서비스에 만족하는가?"
• 형평성 : "모든 대상자가 서비스에 동등하게 접근할 수 있는가?"

〈표 10-1〉 프로그램 평가 기준

평가기준	개 념	측정 지표	세부 평가 질문예시
노력 (Effort)	프로그램 운영을 위해 투입된 자원과 활동의 양	• 클라이언트수 • 전문지식과 기술 소유(전문인력 수 및 투입시간) • 프로그램 활동 수 및 기간 • 프로그램 예산 및 지원	• 계획된 서비스 회기가 모두 실시되었는가? • 목표로 한 클라이언트 수가 프로그램에 참여하였는가? • 예산이 계획된 대로 집행되고 있는가? • 프로그램 활동이 예정된 일정에 맞춰 진행되고 있는가? • 필요한 인력이 적절하게 배치되어 있는가?
효과성 (Effectiveness)	프로그램이 의도한 목표를 달성한 정도	• 클라이언트 인지/감정적변화 • 클라이언트 행동상 변화 • 클라이언트 사회적 변화	• 프로그램 목표가 달성되었는가? • 클라이언트의 문제 수준이 프로그램 참여 전과 비교하여 개선되었는가? • 프로그램 참여자 중 몇 퍼센트가 목표를 달성하였는가? • 클라이언트가 습득한 지식과 기술이 유지되고 있는가? • 프로그램이 의도하지 않은 부정적 효과는 없는가?
효율성 (Efficiency)	투입 자원 대비 산출 결과의 비율	• 프로그램 노력 대비 비용 • 프로그램 결과 대비 비용	• 목표 달성 1단위당 소요된 비용은 얼마인가? • 유사한 프로그램과 비교하여 비용 효율성이 어떠한가? • 같은 비용으로 더 많은 성과를 달성할 수 있는 방법은 없는가? • 프로그램의 편익이 투입된 비용보다 큰가? • 자원이 낭비되거나 비효율적으로 사용된 부분은 없는가?
영향 (Impact)	장기적이고 광범위한 근본적 변화	• 위험집단과 표적집단 내 변화정도 • 사회지표상 변화 실증적 기대정도	• 프로그램 종료 후 1년(또는 2년)이 지난 시점에도 긍정적 변화가 유지되고 있는가? • 클라이언트의 삶의 질이 향상되었는가? • 문제의 재발이 방지되고 있는가? • 프로그램이 클라이언트의 가족이나 지역사회에도 긍정적 영향을 미쳤는가?
서비스의 질 (Quality)	서비스가 전문적 기준과 기대를 충족하는 정도	• 서비스 인력 전문자격 소요 여부와 정도 • 프로그램 전문지식 • 클라이언트 만족도	• 서비스 제공자는 전문적이고 적절한 태도로 서비스를 제공하는가? • 서비스 환경은 클라이언트에게 적합한가? • 서비스는 클라이언트의 개별적 욕구를 반영하고 있는가? • 클라이언트가 서비스에 접근하는 데 어려움은 없는가? • 서비스가 일관성 있게 제공되고 있는가?
과정 (Process)	프로그램의 실제 운영 방식과 서비스 전달 과정	• 계획한 활동 수행 정도 • 과정목표(산출목표)달성정도 • 성과목표와 과정목표 연계성	• 프로그램의 각 구성요소가 계획된 방식대로 제공되고 있는가? • 서비스 전달 과정에서 어떤 일이 일어나고 있는가? • 클라이언트는 프로그램에 적극적으로 참여하고 있는가? • 프로그램 운영 과정에서 어떤 문제점이나 장애물이 발견되는가? • 서비스 제공자와 클라이언트 간의 상호작용은 효과적인가?
형평성 (Equity)	프로그램 혜택의 공정한 분배 정도	• 클라이언트 집단 동일 접근 기회 • 프로그램 활동 지역내 균등 배분	• 서비스가 필요한 모든 집단이 프로그램에 참여하고 있는가? • 특정 집단이 서비스 접근에서 배제되거나 차별받고 있지는 않은가? • 지역, 성별, 연령, 소득 수준 등에 따른 서비스 이용의 차이가 있는가? • 취약계층의 참여율은 적절한가?

출처: 이민홍 외(2024), 재구성.

3. 프로그램 평가 유형

사회복지 프로그램 평가는 목적, 방법, 주체, 단위 등에 따라 다양한 유형으로 구분된다. 프로그램 기획자는 평가의 목적과 상황에 따라 적절한 평가 유형을 선택하거나 여러 유형을 조합하여 활용할 수 있어야 한다. 평가 목적에 따라 형성평가와 총괄평가, 평가 방법으로 양적 평가와 질적 평가, 평가 주체로 내부 평가와 외부 평가, 평가 내용에 따라 욕구 평가·과정 평가·결과 평가·효율성 평가·영향 평가 등으로나눌 수 있다. 프로그램 평가 유형을 구체적으로 살펴보고자 한다(이민홍 외, 2024).

1) 프로그램 평가 목적에 따른 분류

(1) 형성평가(Formative Evaluation)

형성평가는 프로그램의 개선과 발전을 주된 목적으로 하는 평가로써(Scriven, 1991), 목적을 달성하기 위해 프로그램이 진행되는 동안 지속적으로 실시되기 때문에 과정평가라고도 한다. 형성평가는 프로그램이 계획대로 실행되고 있는지를 점검하고, 운영 과정에서 발견되는 문제점을 조기에 파악하여 즉각적인 개선 조치를 취할 수 있도록 한다(Royse, Thyer, & Padgett, 2016). 형성평가는 프로그램 수행 중간에 프로그램의 운영 및 활동을 분석함으로서 다음의 두 가지 기능을 수행한다. 첫째, 프로그램이 원래 의도한 대로 운영되고 있는지 파악하여 향후 프로그램 운영전략을 세우고 프로그램의 중단·축소·유지·확대 여부를 결정하는 데 필요한 정보를 제공한다. 둘째, 프로그램이 의도한 효과나 예상치 못한 부작용 등이 발생하는 경로를 파악함으로써 총괄평가를 보완하는 기능을 한다(황성철 외, 2020).

형성평가를 위한 주요 질문은 다음과 같은 내용으로 점검할 수 있다.

- 프로그램이 계획대로 진행되고 있는가?
- 서비스 전달 과정에서 어떤 문제가 발생하는가?
- 클라이언트의 초기 반응은 어떠한가?
- 어떤 부분을 즉시 개선해야 하는가?
- 프로그램 운영에 필요한 자원이 충분한가?

(2) 총괄평가(Summative Evaluation)

총괄평가는 프로그램이 종결된 이후 프로그램 결과를 평가하여 궁극적으로 프로그램이 미친 영향(impact)을 파악하기 위한 것이다. 즉, 전반적인 효과성과 가치를 종합적으로 판단하는 것을 주된 목적으로 하는 평가이다(Scriven, 1991). 과정지향적 형성평가와는 달리 총괄평가는 목표지향적이다(김영종, 2019). 총괄평가는 목적에 따라 효과성(effectiveness) 평가와 효율성(efficiency) 평가로 구분된다.

효과성 평가는 프로그램이 원래 의도했던 목표를 달성했는지에 초점을 두고 있다. 효율성 평가는 프로그램 효과와 프로그램 비용을 함께 고려한 평가로 주로 프로그램의 확대 여부를 결정할 때 사용한다(황성철 외, 2020).

총괄평가의 주요 질문을 살펴보면 다음과 같다.

❍ 효과성 평가
- 의도했던 프로그램 효과가 과연 프로그램으로 인해 발생하였는가?
- 프로그램이 설정한 목표를 달성했는가?
- 프로그램의 효과는 어느 정도인가?
- 프로그램 효과의 크기는 해결하고자 했던 사회문제를 해결하는 데 충분한가?

❍ 효율성 평가
- 프로그램이 투자 대비 효과적이었는가?
- 프로그램을 위한 직접적 비용은 얼마인가?
- 부작용이나 사회적 충격을 포함한 사회적 비용은 얼마인가?
- 프로그램 효과는 비용을 상쇄시킬 만큼 큰 것인가?

2) 프로그램 평가 방법에 따른 분류

프로그램 평가는 사용하는 자료의 성격과 분석 방법에 따라 양적 평가와 질적 평가로 구분할 수 있다.

(1) 양적 평가(quantitative evaluation)

양적 평가는 수치화가 가능한 자료를 체계적으로 수집하고 통계적 방법을 사용하여 프로그램의 성과와 효과를 측정하는 평가 방법이다(Royse, Thyer, & Padgett, 2016). 주로 설문조사, 검사 도구, 행정자료 등을 통해 수집된 데이터를 통계적으로 분석함으로써, 프로그램 목표 달성 정도나 변화의 크기를 객관적으로 제시하는 연역적으로 분석되는 평가 방법을 활용한다(황성철 외, 2020).

(2) 질적 평가(qualitative evaluation)

질적 평가는 참여자의 경험, 인식, 의미 부여 과정을 중심으로 프로그램의 과정과 결과를 심층적으로 탐색하는 평가 방법이다. 질적 평가는 주로 인터뷰, 참여관찰, 사례연구, 기록 분석 등의 방법을 활용하여 수치로는 설명하기 어려운 변화의 내용과 맥락을 탐색한다. 질적 평가는 프로그램의 과정과 맥락, 그리고 참여자들 간의 상호작용을 세밀하게 조명하여, 양적 평가가 놓치기 쉬운 미묘한 변화와 의미를 드러낼 수 있다는 장점이 있다(Royse et al., 2016)

3) 프로그램 평가 주체에 따른 분류

(1) 내부 평가

내부 평가는 프로그램의 기획이나 실행을 담당한 인력, 혹은 동일 조직에 소속된 구성원이 수행하는 평가를 의미하며, 일반적으로 자체 평가로 구분된다. 이 평가는 조직이나 프로그램 운영 과정과 성과를 내부의 시각에서 점검하고 성찰하는 특성을 지닌다. 특히 평가를 통해 도출된 결과와 정보가 조직 내부로 다시 전달되어, 프로그램 내용이나 운영 방식의 개선을 도모하는 데 주로 활용된다(황성철 외, 2020).

(2) 외부 평가

외부 평가는 프로그램을 운영하는 기관과 직접적인 관련이 없는 대학 연구자나 전문 조사·연구기관 등 외부의 제3자가 수행하는 평가를 말한다. 외부 평가 역시 프로그램의 질 향상과 조직 운영의 개선을 목표로 한다는 점에서는 내부 평가와 공통점을 갖는다. 다만 평가 결과가 부분적으로 외부에 공개되거나, 다른 기관의 프로그램과 비교·분석하는 자료로 활용되는 경우가 많아 평가 결과의 활용 방식과 범위에서는 내부 평가와 차이를 보인다(황성철 외, 2020).

4. 프로그램 평가 윤리적 이슈

평가는 어떤 대상에 대해 가치를 부여하는 활동이다. 프로그램 평가는 단순히 기술적인 절차가 아니라 사람들의 삶과 복지에 영향을 미치는 윤리적 행위이다. 평가 과정에서 내려지는 판단과 결정은 프로그램 참여자, 서비스 제공자, 조직, 나아가 지역사회 전체에 중대한 영향을 미칠 수 있습니다. 따라서 평가자는 전문적 역량뿐만 아니라 높은 윤리적 기준을 준수해야 할 책임이 있다(Royse et al., 2016).

1) 평가 윤리 기준 준수하기

평가 윤리는 평가를 수행하는 과정에서 지켜야 할 도덕적 원칙과 전문적 행동 규범을 의미한다(Morris, 2008). 평가 윤리는 평가자가 평가의 전 과정에서 옳고 그름을 판단하고, 이해관계자들의 권리를 보호하며, 평가의 질과 공정성을 확보하는 데 필요한 지침을 제공한다. 또한 평가 윤리를 "평가자가 평가 수행 과정에서 직면하는 윤리적 딜레마를 해결하고, 이해관계자들에게 해를 끼치지 않으며, 평가 결과의 정직성과 공정성을 담보하기 위한 전문적 기준"으로 정의하고 있다(김영종, 2016).

따라서 사회복지 프로그램은 인간의 삶과 권리에 직접적인 영향을 미치기 때문에, 기획·실행·평가 전 과정에서 윤리적 기준의 준수가 필수적이다. 프로그램 윤리 기준이란 프로그램 수행 과정에서 발생할 수 있는 윤리적 쟁점을 예방하고, 참여자와 이해관계자의 권익을 보호하기 위해 준수해야 할 원칙과 기준을 의미한다. 이는 프로그램의 정당성과 신뢰성을 확보하는 핵심 요소이자 전문직 실천의 기본 토대이다.

2) 윤리 지침

Royse 등(2016)은 프로그램 평가가 과학적 활동이면서 동시에 인간과 조직에 영향을 미치는 실천 행위임을 강조하며, 평가자가 반드시 준수해야 할 윤리 지침을 네 가지 핵심 원칙으로 제시하고 있다.

(1) 무해성 보장(평가 참여자 보호)

평가는 참여자에게 신체적·정서적·사회적 해를 초래해서는 안 되며, 참여자의 권리와 복지를 최우선으로 고려해야 한다. 특히 아동, 장애인, 노인 등 취약집단을 대상으로 한 평가는 더욱 엄격한 보호 원칙이 요구된다.

(2) 자발적 참여와 고지된 동의

평가 참여자는 평가의 목적, 절차, 자료 활용 방식에 대해 충분한 설명을 받은 후 자발적으로 참여해야 한다. 강압이나 암묵적인 압력은 윤리적으로 허용되지 않으며, 참여자는 언제든지 평가 도중에 원하면 참여를 거부하거나 중단할 권리를 가진다. 고지된 동의서에는 이러한 내용에 대해 충분한 정보를 담고 있어야 한다.

(3) 민감한 개인정보 보호 및 비밀보장

평가 과정에서 수집된 개인정보와 민감한 자료는 철저히 보호되어야 하며, 평가 목적 외의 용도로 사용되어서는 안 된다. 또한 평가 결과 보고 시에도 개인이나 집단이 식별되지 않도록 익명성이 보장되어야 한다.

(4) 충분한 정보 제공

프로그램 평가자는 평가 목적, 참여 절차, 예상되는 위험과 이익 등에 대해 참여자가 충분히 이해할 수 있는 방식으로 설명해야 한다. 만약 의사결성 능력이 미흡하다고 판정되는 경우에는 보호자나 후견인을 통해 평가 참여 동의를 받아야 한다.

참고로 미국평가학회(American Evaluation Association, AEA)는 평가자들이 준수해야 할 윤리 원칙을 제시하고 있다. AEA의 윤리 지침은 다음 다섯 가지 원칙을 중심으로 구성되어 있다(AEA, 2018).

① 체계적 조사(Systematic Inquiry)

평가자는 평가 목적과 맥락에 적합한 평가 설계와 자료 수집 방법을 선택해 체계적이고 엄격한 방법론을 사용하여 평가를 수행해야 한다.

② 역량(Competence)

평가자는 평가를 수행하는 데 필요한 평가 이론, 연구 방법론, 자료 분석 기법 등 평가에 필요한 전문적 역량을 갖추어야 한다.

③ 정직성과 진실성(Integrity and Honesty)

평가자는 평가의 전 과정에서 정직하고 투명하게 행동해야 한다. 평가자는 평가 결과에 영향을 미칠 수 있는 개인적, 재정적, 조직적 이해관계를 명확히 밝히고, 이를 적절히 관리해야 한다. 또한 평가 결과를 있는 그대로 정직하게 보고해야 하며, 의뢰자나 이해관계자의 압력에 굴복하여 결과를 왜곡하거나 숨겨서는 안 된다.

④ 인간에 대한 존중(Respect for People)

평가자는 평가에 참여하는 모든 사람의 권리, 존엄성, 다양성을 존중해야 하며, 평가 과정에서 특정 집단이 배제되거나 차별받지 않도록 해야 한다. 또한 참여자에게 잠재적 위험이 있는 경우 이를 최소화하기 위한 조치를 취해야 한다.

⑤ 공공복리에 대한 책임(Responsibilities for General and Public Welfare)

평가자는 공공의 이익을 고려하고 사회적 책임을 다해야 하며, 평가는 사회적 형평성과 정의를 증진하는 방향으로 수행되어야 하며, 취약계층의 권리와 이익을 보호해야 한다.

3) 윤리적 딜레마와 의사결정

평가 과정에서 평가자는 다음과 같은 다양한 윤리적 딜레마에 직면할 수 있다(Morris, 2008).

- 가치 갈등 : 서로 다른 윤리적 가치나 원칙이 충돌하는 경우. 예를 들어, 참여자의 비밀보장과 타인의 안전보호 사이의 갈등
- 이해관계자 간 갈등 : 서로 다른 이해관계자들의 요구가 상충하는 경우. 예를 들어, 재정지원자는 긍정적 결과를 원하지만 실제 결과는 부정적인 경우
- 전문적 판단과 조직 압력 : 평가자의 전문적 판단과 조직이나 의뢰자의 요구 사이의 갈등

4) 윤리적 의사결정 과정

사회복지 프로그램 실천 과정에서 윤리적 딜레마에 직면했을 때는 다음과 같은 절차를 따를 수 있다(이민홍 외, 2024; Royse et al., 2016).

〈표 10-3〉 평가조사 윤리적 충돌 대처 단계

단 계	내 용
1단계	• 자신이 선택할 수 있는 대안들을 점검한다(대안과 대안별로 선택하면 발생하는 결과가 무엇인지 확인하고, 예측되는 문제를 작성한다.
2단계	• 다른 평가자는 현재 자신이 직면한 문제를 어떻게 처리했는지 문헌 검토를 실시한다.
3단계	• 사회복지사 윤리강령집(Code of Ethics)의 지침을 점검한다(지침을 자신의 상황에 적용해 본다).
4단계	• 존경할 만한 동료나 전문가와 본 문제에 대해서 의논한다.
5단계	• 수퍼바이저와 논의한다.
6단계	• 심사숙고하여 최종 결정한다.

에듀컨텐츠·휴피아
ECH Educontents·Huepia

제11장. 사회복지 프로그램 평가 방법

프로그램 평가는 프로그램의 효과성과 효율성을 체계적으로 검증하는 과정으로 "사회적 개입 프로그램의 효과성을 평가하기 위해 사회조사 방법론을 적용하는 것"으로 정의하기도 한다(Rossi et al.,2004).

연구 목적에 따라 효과성 평가, 효율성 평가, 영향평가 등으로 구분되고, 평가 방법, 주체, 단위 등에 따라 다양한 유형으로 구분된다. 이 장에서는 평가 방법의 기준으로 양적 평가와 질적 평가로 구분하여 구체적으로 내용을 살펴보고자 한다.

1. 양적 평가

양적 평가는 계량화된 데이터를 수집하고 통계적 방법으로 분석하여 프로그램의 효과를 객관적으로 측정하는 접근이다. 이는 표준화된 도구와 절차를 사용하여 측정의 객관성을 확보하고, 통계적 분석을 통해 프로그램과 결과 간의 인과관계를 규명하는 평가 방식을 의미한다.

측정 도구 선정은 양적 조사를 활용할 경우에는 일반적으로 수량집계(numeric counts), 표준화 측정도구, 기능수준척도(Level of Functioning: LOF), 클라이언트 만족도 조사 등이 있다. 질적 조사에는 관찰, 노트기록, 메모, 문서, 음성 및 영상기록, 면접 기록 등을 통해 클라이언트 변화를 확인하는 방법을 사용한다.

1) 수량집계(numeric counts)

수량 집계(수치계산)는 성과 측정의 한 유형으로, 프로그램에 참여한 클라이언트의 조건, 상태, 행동 등에 있어 질적인 변화가 있는 클라이언트의 수나 비율을 단순히 계산하는 방식이다. 사회성 증진 프로그램에 참여한 아동 중 프로그램이 끝난 후 사회성 증진이 향상된 숫자(또는 비율)을 세는 방식이다.

수량집계의 특징은 첫째, 프로그램 참여 후 클라이언트의 상황이나 조건이 변화한 수를 '머릿수 세기'로 단순히 세는 것이다. 둘째, 이분법적 측정으로 상황 및 조건의 변화를 "예"와 "아니오"로 측정한다(Martin & Kettner, 2010).

모든 성과지표는 수량집계 방식으로 평가가 가능하다. 이는 명목척도 수준이면 분류가 가능해 성과목표 달성 여부(예/아니오)를 평가할 수 있기 때문이다. 수량집계를 통해서 빈도수 정보를 제공하므로 빈도수를 활용해서 비율을 산출할 수 있다.

〈표 11-1〉 성과목표에 따른 수량(수치계산)집계

성과목표	수량집계 적용
자기주도적 학습태도 향상(참여자 20명)	자기주도적 학습태도 점수 향상수 / 비율
기초학습능력 향상	기초학습 평가점수 향상 수 / 비율
가족관계 향상	가족관계 향상된 수 / 비율

출처: 이민홍 외(2024).

2) 표준화 측정도구

프로그램 평가에서 다루는 클라이언트의 인식, 감정, 태도, 행동과 같은 개념은 단일 문항으로 측정하기에는 지나치게 복잡하고 다차원적인 성격을 지닌다. 프로그램 평가 맥락에서 이러한 요소들은 조사연구에서 말하는 '변수'에 해당하며, 변수는 여러 속성과 특성이 결합된 개념적 집합체라고 할 수 있다. 따라서 하나의 경험적 지표가 아니라 여러 문항을 종합한 척도를 활용하여 변수를 점수화하는 방식이 필요하다(Rubin & Babbie, 2016).

표준화된 척도는 측정하고자 하는 변수나 개념을 일관되고 신뢰성 있게 측정하기 위해 개발된 신뢰도와 타당도가 검증된 측정 도구를 사용한다. 예를 들어, 우울 측정을 위한 Beck 우울척도(BDI), 자아존중감 측정을 위한 Rosenberg 자아존중감 척도 등이 있다.

사회복지 실천 현장과 연구에서 활용되는 표준화 측정도구는 몇 가지 공통적인 특성을 가진다. 첫째, 클라이언트의 인식, 정서, 태도, 행동, 기능 및 발달 수준 등을 반영한 구조화된 문항들로 구성되어 있다. 둘째, 측정 결과를 단일 점수 또는 지표로 제시함으로써 클라이언트의 상태를 비교적 쉽게 이해할 수 있도록 한다. 이는 동일한 문항과 동일한 측정 절차, 그리고 일관된 점수화 방식을 적용하도록 설계되어 있기 때문에 가능하다(Martin & Kettner, 2010).

3) 기능수준척도(Level of Functioning : LOF)

기능수준척도는 기존의 표준화된 측정도구가 충분하지 않거나, 특정 클라이언트 집단의 특성을 반영하기 어려운 경우에 활용되는 사정 도구이다. 주로 기관이나 프로그램 실무자가 대상자의 특성과 서비스 목적에 맞게 직접 개발하여 사용한다는 점에서 특징적이다(Martin & Kettner, 2010).

이 척도는 클라이언트의 기능 수준, 행동 양상, 문제 상태 등을 폭넓게 포함하도록 구성되며, 경우에 따라서는 표준화된 측정 도구와 유사한 역할을 수행할 수 있다. 즉, 실천 현장에서 요구되는 실용성과 대상자 맞춤성을 강조한 평가 도구라고 할 수 있다.

4) 클라이언트 만족도 조사

클라이언트 만족도 조사는 기관이나 프로그램이 제공하는 서비스가 클라이언트에게 어떻게 인식되고 있는지를 파악하기 위해, 클라이언트의 이용 경험과 평가를 측정하는 조사 방법이다(Royse et al., 2016). 일반적으로 만족도 조사는 프로그램의 진행 과정이나 서비스 질을 점검하고 개선하기 위한 목적으로 활용된다.

그러나 클라이언트 만족도 조사에는 몇 가지 한계가 존재한다. 대표적인 문제는 응답의 긍정 편향으로, 이는 실제 서비스 질과 관계없이 감사의 표현이나 관계 유지를 고려하여 긍정적으로 응답하는 경향에서 비롯된다. 또한 서비스 이용 과정에서 불만을 느끼고 중도에 이탈한 클라이언트의 의견이 조사 결과에 반영되지 못하는 점 역시 중요한 한계로 지적된다.

따라서 만족도 조사를 실시할 때에는 측정도구의 구성, 자료 수집 방식, 조사 환경 등을 충분히 고려하여 측정의 신뢰도와 타당도를 높이려는 노력이 필요하다. 만족도 조사설계 시 고려할 주요 사항은 다음과 같다(김영종, 2019).

- 다양한 자료 수집 활용 : 양적 평가 질문뿐만 아니라 개방형 질문이나 질적 자료 수집 방법을 병행할 수 있다.
- 세부 영역별 만족도 측정 : 단일 문항이 아닌 서비스 이용 편의성, 직원 역량, 도움의 정도, 전반적 성과 만족도 등으로 영역을 세분화하여 여러 문항으로 구성한다.

• 조사 시점과 환경의 다양화 : 조사 시기와 응답 환경을 달리함으로써 측정 결과의 신뢰도를 높일 수 있다.
• 검증된 척도 사용 : 타당도와 신뢰도가 검증된 척도를 활용하는 것이 바람직하다.

양적 평가 방법은 객관성이 높고 대규모 표본을 대상으로 분석이 가능하며, 결과를 일반화하거나 프로그램 간 비교를 수행하는 데 유리하다는 장점이 있다. 또한 정책 결정자나 행정 책임자들이 선호하는 명확한 수치 기반의 근거를 제공할 수 있다는 점에서도 활용 가치가 크다.

반면, 복잡한 사회적 현상을 단순한 수치로 환원함으로써 맥락적 요소를 충분히 반영하지 못할 수 있으며, 수치화하기 어려운 질적 변화나 의미 있는 과정이 간과될 위험도 존재한다. 더 나아가 예상하지 못한 결과나 변화 과정을 탐색하는 데에는 한계가 있다는 점 역시 양적 평가의 한계로 지적된다.

2. 질적 평가

질적 평가는 인간의 경험과 그에 부여되는 의미, 그리고 사람들 간의 상호작용을 심층적으로 이해하기 위해 활용되는 평가 방식이다. 이 접근은 수치나 통계자료를 중심으로 프로그램의 효과성을 검증하려는 양적 평가와 달리, 프로그램이 실행되는 과정에서 나타나는 맥락적 특성과 참여자의 주관적 인식에 주목한다.

질적 평가는 프로그램 참여자가 경험하는 변화의 의미, 서비스 제공 과정에서 형성되는 관계, 조직 내부의 문화 등과 같은 복합적인 요소를 탐색하는 데 초점을 둔다. 이를 통해 단순한 성과 여부를 넘어, 프로그램이 어떤 방식으로 작동하며 어떠한 의미를 지니는지를 보다 풍부하게 이해할 수 있다.

이러한 특성은 질적 평가가 실제 현장에서 관찰되는 현상과 경험을 중시하는 자연주의적 탐구에 기반하고 있기 때문이다. 즉, 인위적으로 통제된 조건이 아닌 프로그램이 운영되는 현실적 환경 속에서, 참여자와 맥락이 만들어내는 의미와 과정을 자연스럽게 드러내는 것을 핵심으로 한다(박용권, 2025).

질적 평가의 유형에는 대표적으로 민속지학, 근거이론, 사례연구, 내러티브 분석 등이 있으며, 다음과 같은 공통 특징이 있다(Royse et al., 2016).

첫째, 질적 평가는 통제된 실험실 환경이 아니라 실제 생활환경에서 이루어진다.

둘째, 설문지나 척도와 같은 자료 수집 도구보다는 연구자 자신이 직접 현장에 참여하며 관찰하고 인터뷰하는 '연구자-도구'의 역할이 강조된다.

셋째, 결과의 표현 방식은 숫자보다 언어적 설명이나 이야기가 중심이 되며, 인간 경험의 의미를 테스트와 이야기의 형태로 해석하고 기술하는 과정이다.

이러한 질적 연구로 사회복지 프로그램 평가 방법은 프로그램 평가를 위해 프로그램 사례연구, 프로그램 운영자와 이용자 구성 포커스 집단, 직원 대상 비공시적 목표와 실행 문제점 개방 면접조사, 서비스 제공·직원 훈련·직원 회의 참여 관찰, 서비스 이용자 개방 면접조사, 직원회의 기록이나 클라이언트 기록 중 실천 전문가 기재사항 내용 분석, 실천 전문가 기술 수준 평가 및 권장 절차 준수 여부 파악 목적의 서비스 전달 과정 녹화(녹음) 방법을 활용한다(Rubin & Babbie, 2016). 즉, 프로그램 성과를 확인할 수 있도록 클라이언트, 가족, 프로그램 수행 인력 등을 대상으로 심층면접, 관찰(참여자/관찰자)/내부인/외부인), 문서기록분석, 사진 및 영상 자료 등을 활용한다.

질적 평가는 프로그램의 작동 메커니즘과 맥락을 깊이 이해할 수 있고, 예상치 못한 결과나 부작용을 발견할 수 있으며, 참여자의 목소리를 직접 전달할 수 있다. 또한 복잡한 사회적 과정을 풍부하게 기술할 수 있는 장점이 있다. 하지만 연구자의 주관성이 개입될 수 있고, 시간과 비용이 많이 소요되며, 결과를 일반화하기 어렵고, 분석 과정이 복잡하여 체계적 훈련이 필요하다는 한계가 있다.

〈표 11-2〉 양적평가와 질적 평가 비교

구분	양적평가	질적평가
평가 목적	변수 간 관계나 효과 검증	경험, 의미, 먁락의 이해
평가 철학	실증주의	자연주의, 구성주의
자료 형태	수치화된 변수(척도, 저수 등)	언어적 표현(인터뷰, 서술 등)
자료수집 도구	표준화된 척도, 설문지 등	심층면접, 관찰, 문서분석 등
샘플 수	크고 일반화 가능한 샘플	작지만 심층 탐색 가능한 사례
분석 방법	통계분석(평균, 분산 등)	주제분석, 귀납적 범주화, 해석적 접근
결과 표현	숫자, 지표, 그래프	이야기, 인용문, 주제 서술
강점	객관성, 비교가능성, 일반화	맥락적 이해, 참여자 중심 시각
한계	의미해석의 부족, 맥락무시	일반화 한계, 주관성 개입 가능성

출처: 박용권(2025).

3. 프로그램 비용 분석

사회복지 프로그램의 효과성 평가가 아무리 엄격하게 수행되더라도, 프로그램에 투입된 비용을 함께 고려하지 않는 평가는 현실적으로 한계가 있다. Rubin과 Babbie(2009)는 프로그램 평가 성과만 초점을 두고 비용을 고려하지 않으면 완전한 평가라 할 수 없다고 지적하였다. 이는 프로그램이 목표를 달성했는지 뿐만 아니라, 그 성과가 얼마나 효율적으로 이루어졌는지를 함께 검토해야 함을 의미한다.

프로그램 효율성은 일반적으로 투입된 자원에 비해 어느 정도의 성과가 산출되었는지를 기준으로 판단한다. 사회복지조직은 재정적 자원이 제한된 환경에서 운영되기 때문에, 비용은 프로그램 기획과 평가 전반에서 핵심적으로 고려되는 요소이다. 만약 프로그램 성과를 효과성 측면에서만 제시한다면, 해당 프로그램의 활동이 갖는 정당성과 지속가능성을 충분히 설득하기는 어렵다.

따라서 사회복지 프로그램 평가는 목표 달성의 정도와 더불어, 그 목표를 얼마나 경제적으로 실현했는지를 함께 검토해야 한다. 이러한 이유로 효율성을 중시하는 정부나 재원 지원 기관은 한정된 자원을 얼마나 합리적이고 유용하게 활용했는지를 주요한 지원 판단 기준으로 삼는다. 사회복지 프로그램의 효율성을 분석하는 대표적인 방법으로는 비용편익분석과 비용효과분석이 활용된다(이민홍 외, 2024).

1) 비용편익분석(Cost-Benefit Analysis)

비용편익분석은 프로그램에 투입된 비용과 그로 인해 발생한 편익을 모두 화폐가치로 환산하여 비교하는 분석 방법이다. 비용은 프로그램 기획 및 설계, 실행, 평가 등을 하는 데 들어간 자원이다. 비용편익분석 절차는 우선 프로그램 모든 비용과 편익을 열거한다. 다음으로 비용과 편익을 화폐가치로 환산하여 총비용과 총편익 비율을 산출한다. 하지만 이론적으로는 프로그램의 효율성을 명확하게 제시할 수 있는 유용한 도구이지만, 사회복지 프로그램 평가에서는 실제 적용에 여러 가지 어려움이 존재한다.

첫째, 사회복지 프로그램의 성과를 화폐가치로 환산하는 데 근본적인 한계가 있다. 사회복지 프로그램의 주요 성과는 자존감 향상, 관계 회복, 삶의 질 개선, 사회적 통합과 같은 비물질적·비가시적 변화로 나타나는 경우가 많다. 이러한 성과를 금전적 가치로 정확하게 환산하는 것은 개념적으로도, 방법론적으로

도 쉽지 않다.

둘째, 비용과 편익의 결정에 누구의 관점을 동원하는지가 중요한 문제가 된다. 사회복지 프로그램의 효과는 개인 수준에 그치지 않고 가족, 지역사회, 나아가 사회 전체로 확산되는 경우가 많다. 그러나 비용편익분석에서는 어떤 수준까지를 편익으로 포함할 것인지, 그리고 그 편익이 누구에게 귀속되는지를 명확히 규정해야 하는데, 사회복지 영역에서는 이러한 구분이 현실적으로 모호한 경우가 많다.

셋째, 프로그램의 비용 산정 과정에서 이차적 비용을 정확하게 산정하기 어렵다는 점이다. 이차적 비용이란 프로그램 수행 과정에서 직접적으로 지출되는 예산 외에, 간접적으로 발생하는 시간적·사회적·심리적 부담을 의미한다. 예를 들어 직업교육 프로그램을 통해 취업이 된 사람이 있다면, 그 기관에 취업할 수 있는 다른 사람은 기회가 없어지게 되기에 손해의 결과를 발생시킬 수 있다. 이에 사회적 프로그램들에 비용편익분석을 적용하는데는 한계가 있다(김영종, 2019).

2) 비용효과 분석(Cost-Effectiveness Analysis)

비용효과분석은 프로그램 투입 자원과 프로그램 성과를 모두 화폐가치로 환산하여 효율성을 분석한다. 즉, 동일한 목표를 달성하기 위해 수행하는 여러 프로그램에 대한 전체 비용을 각각 계산하여, 가장 적은 비용으로 최대 효과를 내는 프로그램을 가장 효율적이라고 평가한다(김영종, 2019).

예를 들어 비취업자 고용을 목표로 하는 두 가지 취업 훈련 프로그램이 있다. 사회적 일자리 프로그램과 자활근로 프로그램을 수행한 후 프로그램별로 1명을 취업하는데 드는 비용을 계산하여, 비용이 적은 프로그램이 효율성이 높다고 평가하게 된다. 〈표 11-3〉에서 사회적 일자리 프로그램은 1인당 취업비용이 225만 원이고, 자활근로 프로그램은 200만 원이었다. 따라서 자활근로 프로그램이 효율성이 더 높다고 평가한다(이민홍 외, 2024).

〈표 11-3〉 고용지원 프로그램 비용효과분석

비용구분	사회적 일자리 프로그램	자활근로 프로그램
총 프로그램 비용	4,500만원	6,000만원
프로그램 참여율(100%-탈락자비율)	70%	60%
취업한 클라이언트 수	20명	30명
1인당 취업비용	225만원	200만원

4. 로직 모델과 평가

프로그램 평가는 단순히 성과를 확인하는 절차를 넘어, 프로그램이 어떠한 논리에 따라 기획되고 실행되었으며 그 결과가 어떻게 도출되었는지를 체계적으로 검토하는 과정이다. 이러한 점에서 논리모델은 프로그램의 기획과 평가를 유기적으로 연결할 수 있는 대표적인 평가 틀로 활용되고 있다. 이 장에서는 논리모델을 활용하여 평가를 어떻게 설계하고 실행할 수 있는가에 대해 구체적인 내용을 살펴보고자 한다.

1) 논리모델(logic model)의 개념

논리모델은 1970년대 미국의 조셉 홀리(Joseph Wholey) 교수 등에 의해 개발되어 성과 측정과 관리를 위한 모형으로 활용되고 있다. 논리모델은 프로그램의 전반적인 구조와 작동 방식을 시각적으로 제시함으로써, 기관 관계자와 사회복지 실천가가 프로그램의 목표와 평가 방향을 공유하도록 돕는 도구로 기능한다(Rubin, 2008). 논리모델은 특정 문제 상황에 개입하기 위한 프로그램의 기본 가정과 인과 논리를 단순화된 도식으로 표현한 것이다. 이를 통해 프로그램을 구성하는 주요 요소들과 그들 간의 관계를 명확히 파악할 수 있으며, 프로그램이 어떠한 과정을 거쳐 성과에 이르는지를 체계적으로 설명할 수 있다(Renger & Titcomb, 2002). 이러한 특성으로 인해 논리모델은 프로그램의 핵심 주안점을 명확히 하고, 프로그램 구성원 간의 의사소통을 강화하며, 프로그램 관리와 평가계획 수립, 성과 문서화 등 다양한 영역에서 활용 가능하다(Frechtling, 2007).

사회복지 프로그램에 논리모델을 적용할 경우, 프로그램의 투입에서부터 활동, 산출, 성과에 이르는 전 과정을 구조적으로 분석할 수 있다는 장점이 있다. 이는 단순히 자원이 얼마나 투입되었고 무엇이 제공되었는지를 확인하는 수준을 넘어, 개입 과정이 어떠한 변화를 만들어냈는지를 설명할 수 있도록 한다는 점에서 기존의 투입-산출 중심 평가 방식과 구별된다(황성철, 2005). 특히 논리모델은 프로그램의 개입 논리와 기대되는 결과 간의 연결 구조를 명확히 제시함으로써, 프로그램 평가의 설명력을 높이는 데 기여한다(Rubin, 2008).

논리모델의 기본 구조는 문제상황(situations), 투입(Input), 활동(Activities), 산출(Output), 성과(Outcome)로 구성된다.

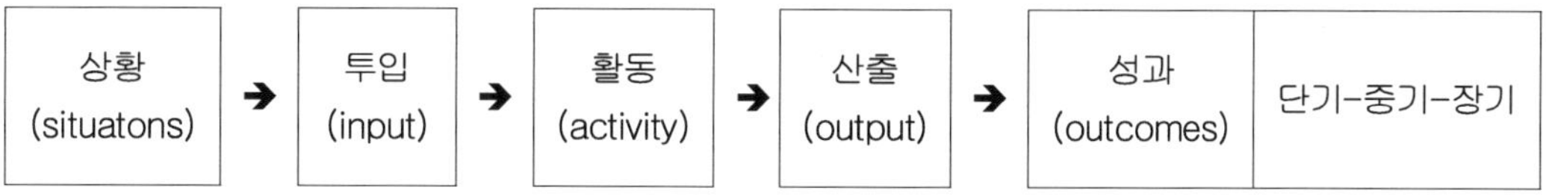

상황 (situatons)	➔	투입 (input)	➔	활동 (activity)	➔	산출 (output)	➔	성과 (outcomes)	단기-중기-장기

<그림 11-1> 로직모델 체계

- 문제 상황 : 현재 해결되지 않고 변화가 필요한 상태를 의미한다. 이는 프로그램 개입의 동기나 이유를 설명하는 영역이며, 프로그램 기획의 출발점이 된다(이민홍 외, 2024).
- 투입 : 프로그램 수행을 위해 활용되는 모든 자원을 의미하며, 인적·재정적·조직적 지원뿐만 아니라 지역사회 자원까지 포함한다.
- 활동 : 이러한 자원을 활용하여 프로그램 목표 달성을 위해 수행되는 계획적이고 의도적인 모든 행위를 의미한다. 상담, 치료, 교육, 멘토링, 취업 훈련, 자조 모임, 캠프 등의 구체적인 활동이다.
- 산출 : 프로그램 활동을 통해 직접적으로 생산된 결과물로서, 참여 인원수, 제공된 서비스의 양, 프로그램 운영 횟수 등이 이에 해당한다.
- 성과 : 프로그램 참여 이후 나타나는 참여자의 지식, 태도, 인식, 기술 등의 변화를 의미하며, 산출이 서비스 제공 여부에 초점을 둔다면 성과는 변화의 내용과 수준에 초점을 둔다는 점에서 구별된다. 성과는 시간적 범위에 따라 단기성과와 장기성과로 구분될 수 있다. 단기성과는 프로그램 참여 이후 비교적 짧은 기간 내에 나타나는 변화로, 인식이나 태도의 변화 등이 이에 해당한다. 반면 장기성과는 참여자의 삶의 질 향상이나 기능 회복과 같이 장기간에 걸쳐 확인되는 보다 근본적인 변화를 의미한다. 이러한 구분은 프로그램 평가에서 성과를 단계적으로 이해하는 데 유용하다.

논리모델은 이처럼 프로그램의 구조를 명확히 제시하는 데 강점을 지니지만, 실제 사회복지 실천 현장에서는 그 활용이 제한적인 경우가 많다. 논리모델을 적용하더라도 각 단계 간의 인과관계와 전체 맥락에 대한 충분한 검토 없이, 프로그램 내용을 단순히 도식에 맞추어 배열하는 데 그치는 사례도 보고되고 있다(이석민, 2011; 김동립·이삼열, 2011). 이는 논리모델이 지닌 분석 도구로서의 잠재력을 충분히 활용하지 못하는 한계로 볼 수 있다.

논리모델을 효과적으로 활용하기 위해서는 각 단계가 단순히 나열되어 있는지를 넘어, 단계 간의 논리적 연결성이 적절한지를 함께 검토할 필요가 있다. 즉, 특정한 투입이 이루어졌을 때 어떠한 활동이 가능해지고, 그 활동이 어떤 산출을 거쳐 성과로 이어지는지에 대한 'if-then'의 논리를 점검해야 한다.

종합하면, 논리모델은 사회복지 프로그램의 기획과 평가를 체계적으로 연결할 수 있는 유용한 분석 틀이다. 논리모델의 효과를 충분히 활용하기 위해서는 투입-활동-산출-성과라는 구조적 틀과 함께, 각 단계 간의 논리적 연계성에 대한 분석이 병행되어야 한다.

〈표 11-4〉 논리모델과 목표의 위계

구 분	예 시
과정목표 (Process Objectives)	• 프로그램 활동이 계획대로 실행되는지를 평가하는 기준 • "12주 동안 매주 2시간씩 총 24시간의 집단 프로그램을 운영한다", "참여자의 80% 이상이 전체 세션의 70% 이상에 출석한다" • 과정목표는 프로그램의 충실도(fidelity)를 확인하는 데 중요
산출목표 (Output Objectives):	• 프로그램 활동의 직접적인 결과물 • 서비스의 양, 참여자 수, 완료율 등이 포함 • "참여자의 90%가 프로그램을 완료한다", "500회의 상담 서비스를 제공한다"
성과목표 (Outcome Objectives):	• 단기 성과(Short-term Outcomes): 지식, 태도, 인식의 변화 - "참여자의 80%가 건강한 생활습관에 대한 지식 점수가 20% 이상 향상된다" • 중기 성과(Intermediate Outcomes): 행동과 기술의 변화 - "참여자의 70%가 규칙적인 운동 습관을 3개월 이상 유지한다" • 장기 성과(Long-term Outcomes): 삶의 질, 건강 상태 등 근본적인 변화 - "참여자의 우울증 유병률이 30% 감소한다"

지역사회내 저소득 방임 아동의 건강한 성장을 위한 야간 방과후 프로그램

상황 (situatons)	➔	투입 (input)	➔	활동 (activity)	➔	산출 (output)	➔	성과 (outcomes)
·저소득 방임아동 학습능력저하 ·저소득 방임아동 자기효능감 저하 ·저소득 방임아동 야간보호 결여		·사회복지사 1명 ·방과후지도사 1명 ·자원봉사자 1명 ·프로그램실 25평 ·상담실 2평 ·차량		·학습지도 ·문화체험 ·여름캠프 ·야간보호 ·아동상담 ·부모상담		·주 5회 2시간 ·월 1회 4시간 ·연 1회 1일 ·주 5회 3시간 ·월 2회 1시간 ·연 2회 2시간		·학습능력 향상 ·자기효능감 향상 ·야간 방임 문제 감소

<그림 11-2> 로직모델 사례

출처: 이민홍 외(2024), 재구성.

2) 과정평가와 성과평가

프로그램 평가는 형성평가와 총괄평가로 구분되며, 과정평가는 형성평가적인 성격이 강하고, 성과평가는 총괄평가적인 성격이 강하다(Rossi et al., 2019). 논리모델을 기준으로 평가를 유형화하면, 평가가 어떤 지점에 초점을 두고 이루어지는지를 체계적으로 설명할 수 있다. 일반적으로 논리모델의 각 구성요소별로 과정평가와 성과평가를 구분하면 <그림 11-3>과 같다.

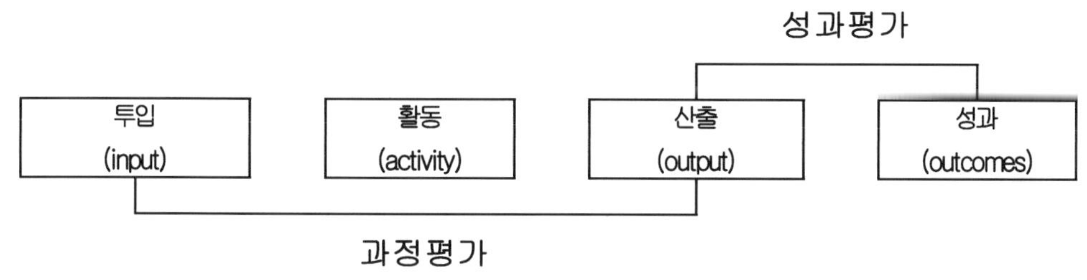

<그림 11-3> 로직모델로 본 평가 유형

논리모델에 따른 과정평가는 투입과 활동, 그리고 산출에 초점을 둔다. 성과평가는 프로그램 종결 후에 실시하는 것으로 산출과 성과영역에 집중한다.

산출은 프로그램 활동의 직접적인 결과이다. '10회의 진로탐색 프로그램을 실시했다'는 실제로 특정 활동이 수행되었음을 보여주는 지표이다. 반면 성과는 산출을 매개로 하여 참여자에게 나타나는 변화를 의미한다. '진로탐색 프로그램에 참여한 청소년들 스스로가 자기 이해 및 직업 이해를 통해 자신이 원하는 직업/진로 계획을 세운다'와 같은 변화를 성과로 간주한다. 성과는 서비스 제공 이후 참여자에게 나타나는 인식, 태도, 행동 등의 질적 변화를 의미한다(박용권, 2025).

과정평가는 다양한 자료수집 방법을 통해 수행되며, 앞서 다루었던 양적 및 질적 방법을 병행하는 것이 일반적이다.

또한 과정평가는 일반적으로 프로그램 중간에 실시한다. 이를 통해 프로그램이 중단없이 효율적으로 운영되고 있는 지를 실시간으로 점검할 수 있으며, 필요한 경우 프로그램의 세부 내용을 즉각 수정할 수 있는 장점이 있다.

과정평가는 다양한 방법을 복합적으로 활용하여 프로그램 실행의 충실도와 적절성, 운영 과정의 효율성, 서비스 품질 등을 검토한다. 주요 방법은 다음과 같다(박용권, 2025).

(1) 문서와 실적지표 분석

문서기록 분석과 실적지표 분석은 과정평가에서 가장 기본적인 방법이며, 모니터링을 통해 수집되 자료를 활용할 수 있는 잇점이 있다. 문서기록은 활동일지, 회의록, 참여자 명단, 일정표 등 프로그램 수행과 관련된 각종 문서를 검토하여 계획된 활동이 실제로 실행되었는지를 점검한다. 또한 제공된 서비스 횟수, 참여 인원수, 활동 실시 횟수 등 수치로 나타나는 결과를 중심으로 실행수준을 판단한다.

(2) 참여관찰

평가자가 직접 프로그램 현장을 방문하여 활동 전반을 관찰하는 방법이다. 관찰자는 프로그램이 계획된 절차와 내용에 따라 실행되고 있는지, 수행자의 개입 방식과 전문성이 적절한지, 참여자의 반응은 어떤지를 실시간으로 확인할 수 있다. 이 때는 관찰자의 주관 개입 가능성을 줄이기 위해 체크리스트를 활용하는 것도 좋다.

(3) 체크리스트 점검

사전에 계획된 투입요소나 활동요소를 기준으로, 실행 여부와 실행 수준을 구조화된 체크리스트 형식으로 점검하는 것이다.

(4) 설문조사 및 면접

프로그램 담당자나 참여자를 대상으로 수행되며, 프로그램 운영에 대한 경험과 인식을 확인하는데 활용된다. 프로그램 내용의 적절성, 활동에 대한 만족도, 운영 환경의 수용성 등을 구조화된 문항을 통해 수집하며, 비교적 다수의 의견을 짧은 시간에 확보할 수 있다. 과정평가를 위한 설문조사는 서비스 품질조사나 클라이언트 만족도 조사 차원에서 시행할 수 있다.

과정평가를 위한 면접의 경우 프로그램상의 특별한 문제가 발생할 경우에 적절한 평가방법이라고 할 수 있다.

〈표 11-5〉 과정평가를 위한 품질지표 예시

영 역	품질 지표
투입	• 인적자원 적정성, 물적자원 적정성, 시간 충분성, 예산 적정성, 정보 충분성
과정	• 접근성, 보증성, 의사소통 수준, 예의의 적절성, 충실성, 감정이입, 안전성, 기록 충실성, 효율성, 적시성, 프로세스 개선도, 오류 혹은 실수

출처: 조성우 외(2021).

3) 산출목표에 대한 평가

산출목표 평가는 프로그램의 실행 과정에서 계획된 활동이 실제로 얼마만큼 수행되었는지를 측정하는 평가이다. 즉 목표 실적량을 채웠는가를 측정하는 것이다. 여기서 산출은 활동의 양적 실적을 의미하며, 교육 횟수, 상담 시간, 참여자 수, 행동발생 빈도 등이 해당된다. 산출목표는 대개 "000을 실시 한다", "000을 제공한다"와 같은 활동 단위로 설정된다. 따라서 산출 목표 평가는 실제 행동의 이행 정도, 즉 '무엇을, 얼마나 했는가', 그리고 '얼마나 참여했는가'라는 양적평가만 실시된다.

〈표 11-6〉 산출목표 평가 결과표(청소년 진로탐색 프로그램)

프로그램명	산출목표	계 획	실 적	달성률(%)
자기이해	STRONG 검사/해석	1회 / 10명	1회 / 10명	100
	MBTI 검사/해석	1회 / 10명	1회 / 10명	100
현장학습	대학탐방	2회*10명=20명	1회 / 10명	50
직업정보탐색	직업인과의 만남	3회*10명=30명	2회 / 20명	75

4) 성과 목표에 대한 평가

성과평가는 프로그램이 계획한 목표를 얼마나 잘 달성했는지 확인하는 과정이다. 이 때 프로그램의 성과가 실제로 나타났음을 보여주는 증거로 성과지표를 사용한다. 프로그램의 목표는 우울감 감소, 삶의 만족도 향상, 자기효능감 증가와 같이 추상적인 개념들이다. 성과지표는 이러한 추상적인 개념들을 현실에서 측정가능하게 만들어 주는 구체적인 기준이다(박용권, 2025).

성과지표는 성과측정의 방식과 초점에 따라 정량지표와 정성지표로 구분된다(조성우 외, 2021).

정량지표는 수치화가 가능하며 객관적인 측정과 비교가 용이한 지표이다. 이는 주로 빈도, 비율, 수치. 금액 등으로 표현되며, 특정 기간의 변화량이나 달성 수준을 명확하게 보여줄 수 있다.

정성지표는 수치화하기 어렵거나 주관적인 경험, 태도, 인식, 만족도 등을 측정하는 지표이다. 정성지표의 예는 참여자들의 삶의 질 향상에 대한 주관적 인식, 서비스 만족도, 자기효능감 변화에 대한 참여자 서술 등을 들 수 있다(박용권, 2025).

〈표 11-7〉 성과지표 예

성과목표	성과지표	자료수집방법
발달장애청소년의 사회성 증진	사회성 점수변화	사회성 척도
봉사활동을 통해 자기효능감 향상	프로그램 참여 횟수 자기효능감 향상 정도	프로그램 일지 / 출석부 자기효능감 사전·사후 검사
주민 관계성 향상	주민 관계망 향상 정도	주민 관계망 사전·사후 지도

성과목표의 평가방법으로는 다음과 같이 다양한 자료 수집방법과 분석방법이 활용된다(조성우 외, 2021).

〈표 11-8〉 성과목표 평가방법

자료수집방법	분석방법	평가시기
• 수치 세기 • 표준화된 측정도구 • LOF 척도 • 클라이언트 만족도 • 심층면접 • 초점집단면접(FGI) • 문서 (소감문,일지, 기관행정자료 등) • 현장 관찰 등	• 목표 대비 실적 평가 • 집단설계(프로그램 후 평가설계, 단일집단 전후 비교설계, 비동일 통제집단설계, 실험설계 등) • 단일사례설계 • 질적평가 등	• 프로그램 중 • 프로그램 시작 전 • 프로그램 종료 후 • 0월 0일-0월 0일

출처: 조성우 외(2021), 박용권(2025) 재구성.

이상에서 살펴본 과정평가와 성과평가와 관련해 Penna & Phillips(2005)는 성과(outcome)를 "단체의 활동이 대상에게 가져온 실제 변화"로 보고, 이 변화를 명확히 설정하고 기획·실천·평가하는 것의 중요성을 강조한다. 즉 성과는 단순한 활동(output)이나 투입(input)이 아니라, 그 결과로 나타나는 가치 있는 변화를 중심에 두는 것으로 다음과 같은 질문을 통해 성과측정을 한다(아름다운재단, 2016).

〈표 11-9〉 과정중심 인터뷰 vs 성과중심 인터뷰

과정중심 인터뷰	성과중심 인터뷰
Q. 당신의 조직이 하는 일은 무엇입니까? A. 지역 저소득층 주민에게 서비스를 제공합니다. Q. 어떤 서비스입니까? A. 그룹이나 개인을 대상으로 한 가족상담입니다. Q. 얼마나 많은 사람에게 제공합니까? A. 작년에는 125가정에 500시간의 상담을 제공했습니다.	Q. 당신의 조직이 이루어 내려는 것은 무엇입니까? A. 방임 가정 부모들의 양육기술을 향상시키려고 합니다. Q. 구체적으로 어떤 기술을 향상시킵니까? A. 체벌을 줄이고, 아이들의 바람직한 행동에 긍정적인 반응을 보여 더 잘할 수 있도록 격려하는 기술 등입니다. Q. 매년 얼마나 많은 가족들을 돕습니까? A. 작년에는 500가정을 지원하였고, 그 가운데 175가족이 최소 6개월간 양육태도에서 긍정적인 변화를 보였습니다. Q. 내년에는 어느 정도의 결과를 성공 기준으로 잡고 있습니까? A. 200가족에게서 더 개선된 양육태도를 이끌어 내려고 합니다.

〈표 11-10〉 과정지향적 질문 vs 성과지향적 질문

과정 지향적 질문	성과 지향적 질문
어떤 주거지원 서비스를 제공합니까?	주거지원 서비스로 지역사회에서 이루고 싶은 결과는 무엇입니까?
조직이 하는 일은 무엇입니까?	조직이 성취하려고 노력하는 것은 무엇입니까?
조직은 지역의 어떤 수요를 충족시키고 있습니까?	조직이 돕는 사람들의 환경이나 행동에서 어떤 변화를 이끌어 내려고 노력하고 있습니까?
지역사회의 상황이 악화되는 것을 막기 위해 꼭 필요한 서비스는 무엇입니까?	우리 지역이 더 나아지려면 인구와 상업적 구성이 어떠해야 이상적입니까?
학생들이 겪는 학습장애를 어떻게 해결할 수 있을까요?	아이들이 성공적으로 자라나기 위해 꼭 필요한 기술과 지식은 무엇입니까?
정보를 공유하기 위해 조직에서는 어떤 전략을 세우고 있습니까?	어떤 특정 집단에서 어떤 태도 변화를 이끌어내고 있습니까?

5) 성과와 영향

논리모델에서 프로그램의 성과 목표는 일반적으로 단기성과, 중기성과, 장기성과, 그리고 지역사회 수준의 영향으로 구분된다. 이러한 구분은 단순히 시간이 경과함에 따라 나타나는 변화의 순서를 의미하는 것이 아니라, 프로그램 개입에 따른 변화가 단계적으로 축적되는 인과적 구조로 이해할 필요가 있다. 즉, 각 성과 단계는 이전 단계에서의 변화가 충분히 이루어졌을 때 비로소 도출될 수 있는 결과로서, 상호 연계된 결과 사슬을 형성한다(박용권, 2025).

먼저 단기성과는 프로그램 활동에 참여한 직후 비교적 빠른 시점에 나타나는 변화로, 참여자의 지식수준 향상, 인식의 변화, 태도 및 동기의 형성 등을 포함한다. 이러한 변화는 프로그램이 의도한 방향으로 작동하고 있는지를 확인할 수 있는 초기 지표로서, 이후 성과 단계로 나아가기 위한 기초 조건이 된다.

중기성과는 단기성과가 실제 행동이나 실천으로 이어지면서 나타나는 보다 구체적인 변화이다. 이는 습득한 지식과 태도가 행동 변화로 전환된 결과로서, 기술의 향상, 대인관계의 변화, 문제 해결 행동의 실천 등에서 확인될 수 있다. 중기성과는 단기적인 변화가 내면화되어 일상생활 속에서 지속적으로 나타날 때 가능하다.

장기성과는 중기성과가 일정 기간 누적되고 유지됨으로써 나타나는 보다 포괄적이고 안정적인 변화로, 개인의 삶의 질 수준에서 확인되는 성과를 의미한다. 이는 심리·사회적 기능의 향상, 자립 능력 강화, 지속적인 사회 참여와 같은 변화로 나타나며, 단기간의 관찰보다는 장기적인 관점에서의 추적과 분석을 통해 확인된다.

〈표 11-11〉 로직모델에서의 성과의 시간구조

성과유형	주요 내용	변화대상	예 시
단기성과	지식, 태도, 인식 변화	개인	자아존중감 인식향상 사회성 향상
중기성과	행동, 기술, 관계의 변화	개인/소집단	또래 관계 개선 자기주도학습 능력 향상
장기성과	삶의 질, 자립, 지속적 변화	개인/집단	생활만족도 증가
지역사회 영향(impact)	구조적 변화, 제도화, 정책 반영	지역사회 전반	아동 학대 감소, 학교폭력 감소, 노인학대 감소

출처: 박용권(2025), 재구성

제12장. 사회복지 프로그램을 위한 전략기획 가이드[1)]

사회복지 실천 현장에서는 사회복지공동모금회, 기업복지재단, 민간기금, 공공기관 등 다양한 주체가 운영하는 공모사업을 통해 프로그램 기금을 지원받는 사례가 보편화되어 있다. 이에 따라 대부분의 사회복지기관들은 신규 프로그램 개발뿐만 아니라 기존 사업의 확대와 안정적인 운영을 위해 전략적으로 공모사업에 관심을 갖고, 외부 재원 확보를 위한 노력을 지속하고 있다.

이 과정에서 제안서는 사회복지사가 개발한 프로그램을 바탕으로 외부 지원을 요청하기 위해 작성하는 핵심 문서이다. 제안서는 프로그램의 내용과 우수성을 설명하는 데 그치지 않고, 공모사업을 주관하는 기관이 요구하는 형식과 요건을 충족해야 한다. 특히 선정된 제안서는 해당 프로그램의 타당성과 필요성을 대내외적으로 인정받는 객관적인 근거 자료로 활용되기 때문에, 다수의 기관에서는 사회복지사에게 제안서 작성에 대한 전문적인 지식과 기술을 요구하고 있으며, 이를 위한 교육과 훈련을 지속적으로 제공하고 있다.

이러한 현장 요구를 반영하여, 『사회복지 프로그램 개발과 평가』 관련 교재들 역시 공모사업 제안서 작성 방법이나 실제로 선정된 사업계획서를 부록 형태로 제시하는 경우가 많다. 그러나 공모사업 제안서의 작성 기준과 세부 양식은 매년 배분 기관별 사업 설명회를 통해 공지되며, 배분 사례 또한 지속적으로 공유되고 있어, 본 교재에서는 이를 별도의 부록으로 다루지 않는다.

한편, 사회복지 실천 현장의 프로그램 재정이 정부 보조금만으로 안정적으로 운영되기 어려운 현실을 고려할 때, 외부 공모사업을 통한 재원 확보가 중요하다는 점은 분명하다. 그러나 외부 공모사업으로 지원받은 프로그램만이 우수한 프로그램이라고 보기는 어렵다. 기관의 자체 사업이든 외부 지원을 받은 사업이든, 모든 사회복지 프로그램은 과학적이고 객관적인 자료에 근거하여 체계적으로 기획·운영되어야 하며, 그 성과 또한 객관적으로 입증되어야 한다.

이에 본 장에서는 특정 공모사업 제안서 작성 요령을 소개하기보다는, 모든 사회복지 프로그램에 공통적으로 적용할 수 있는 전략적 기획 과정으로서의 제안서 작성 원리를 중심으로 살펴보고자 한다. 이를 통해 기관의 자체 사업은 물론 외부 공모사업에도 폭넓게 활용할 수 있는 기획 역량을 기르는 데 목적을 둔다.

---

1) 제12장은 남충식(2016), 기시라 유지(2016)의 내용과 본 저자의 외부특강 자료를 참고로 재구성한 것임.

1. 기획을 위한 준비

“생각하는 힘, 어떻게 기를까? 교과서에서 배우지 않은 수많은 문제와의 직면. 더 이상 학생이 아닌 상황에서… 우리의 현실임. 어쩌면 정답이 없는 문제에 대한 훌륭한 해결방안을 찾아내어 그 방안을 교과서에 실어야 하는지도 모름. 무엇보다 빠르게 돌아가는 세상, 극심한 변화의 물결 속에서 부딪히는 문제 또한 매일매일 달라짐. 이런 환경 속에서 변함없이 우리 삶의 지팡이 역할을 하는 것이 바로 ‘생각하는 힘’이다.
“배움을 막는 최대 장애물은 정답을 가르치는 것이다. 그것은 스스로 정답을 찾을 수 있는 기회를 영구적으로 빼앗는 일이기 때문이다. 우리가 제대로 배울 수 있는 유일한 방법은 논리적으로 생각하고 정답을 이끌어 내는 것 뿐이다. 생각하는 인간이 되기 위해서는 명령형인 “!”가 아니라 의문형인 “?” 마크가 훨씬 유용하다“ – 엘리야프 골드렛

1) “알고 있는 것”과 “할 수 있는 것”

중요하다고 ‘알고 있는 것’과 ‘할 수 있는 것’은 다르다. 중요하다는 사실을 ‘알고 있다면’, 당연히 ‘할 수 있는 것 아니냐’고 하는 사람도 있겠지만 그런 논리가 통하지 않을 때도 많다, 정말로 중요하다고 생각하지만, 이런저런 이유로 할 수 없는 상황이 얼마든지 있을 수 있다.

그럴 때 ‘할 수 있다’고 주위에서 압력을 가하면 당사자는 점점 스트레스를 느끼게 된다. 스트레스가 계기가 되어 ‘할 수 있게’ 되면 다행이지만 할 수 없는 상태가 계속되고, 그런 상황을 본인이 인지하고 힘들어하면 스트레스는 빠져 나갈 구멍이 없어 쌓일 수 밖에는 없다.

2) 생각하는 힘은 어떨 때 필요한가?

다음 항목에서 자신에게 필요하다고 생각하는 것을 생각해 보자.

- 교과서에 실려 있지 않은 문제를 해결하는 힘

- 문제의 본질을 제대로 파악하는 힘
- 문제와 현상을 알기 쉽게 정리하고 해결하는 힘
- 논쟁이나 딜레마에 빠진 문제를 명확하게 해결하는 힘
- 타인과 협력하면서 문제를 제대로 파악하고 수행하는 힘
- 상대방의 입장이 되어 생각하는 힘

2) 실패를 교훈으로 바꾸는 법

기시라 유지(2016)는 '생각 천재가 되는 세 가지 도구'에서 빠른 발을 가지고도 거북이에게 진 토끼 사례를 통해 설명하고 있다.

- 1단계 : 문제가 무엇인지 확인한다.
- 2단계 : 본래의 의도를 확인한다.
- 3단계 : 무엇을 했는지 확인한다.
- 4단계 : 실제 일어난 일의 현상을 확인한다.
- 5단계 : 생각처럼 일이 풀리지 않은 원인을 생각한다.
- 6단계 : 원인의 해소책을 생각한다.
- 7단계 : 그 해소책으로 상황이 어떻게 달라질지 생각한다.

(1) 미스터리 분석

- 1단계 : 문제가 무엇인지 확인한다.

발이 빠른 토끼가 느림보 거북이와 달리기 경주에서 지다니! 있을 수 없는 일이다. 명백한 미스터리이다.

- 2단계 : 본래의 의도를 확인한다.

처음에 예상했던 결과를 확인한다. 당연히 토끼는 거북이에게 완승을 거둘 것이라고 생각했었다.

- 3단계 : 무엇을 했는지 확인한다.

무엇을 했냐면 토끼와 거북이가 달리기 경주를 했다.

▪ 4단계 : 실제 일어난 일의 현상을 확인한다.

당초에는 '토끼가 이길 것' 으로 예상했는데 실제로는 '거북이가 이겼다'. 토끼가 이기는 것이 당연한건데, 하지만 생각과 전혀 다른 결과를 초래할 때가 있다. 현재 벌어진 현실을 정확히 인식하는 것이 이 단계에서 가장 중요한 작업이다.

▪ 5단계 : 생각처럼 일이 풀리지 않은 원인을 생각한다

토끼가 이기는 것이 당연한 것, 그런데 '거북이가 이긴' 이유를 생각해 본다. 이미 엎어진 물! 한탄만 한들 아무 소용이 없다. 생각과 다른 결과가 나왔을 때는 반드시 그 이유가 있기 마련이다. 그 원인을 생각해 보는 것이 포인트이다. 생각과 다른 결과가 나온 배경에는 너무나 당연한 일이라 쉽게 간과한데 그 원인이 있을 때가 종종 있을 수 있다.

▪ 6단계 : 원인의 해소책을 생각한다.

'토끼가 깜박 잠이 들고 말았다'가 원인이라면 그 원인의 해소책을 생각하는 단계이다. 이 단계에서 가장 중요한 포인트는 결과가 아니라 원인을 해소하는 것에 생각을 집중시키는 것이다. 원인을 해소하면 예상치 못했던 나쁜 결과는 일어나지 않는다. 그러므로 결과보다 원인 해소에 집중해 머리를 써야 한다.

▪ 7단계 : 그 해소책으로 상황이 어떻게 달라질지 생각한다.

첫째 '자명종 시계를 맞춰 놓고 잔다'는 해소책을 내놓아보자. 자명종 시계를 맞춰 놓으면 분명 '깜박 잠이 들었다'는 원인은 해소될 가능성이 높다. 하지만 시계를 매번 가지고 다닐 수도 없는 노릇이고 시계가 울었는데 못 일어날 가능성도 있다. 시계가 고장이 안 난다는 보장도 없다.

둘째 '중간에 쉬지 않는다'는 해소책이라면 어떨까? 중간에 쉬지 않으면 분명 잠들 일이 없을 것이다. 하지만 생각과 달리 방심하다 잠깐 쉬고 가지 않는다는 보장은 없다. 여기서 중요한 포인트는 혼자 생각하지 말고 다른 사람의 의견도 들으면서 함께 생각하는 것이다. 가령 '도착해서 쉰다' '전날 충분히 쉰다', '누군가에게 깨워달라고 부탁한다' 등 다양한 해소책이 등장할 수 있다. 여기서는 자유로운 발상을 마음껏 해봐야 한다.

미스터리 분석을 해보고자 할 때는 다음의 일곱 가지 질문으로 쪽지 등을 이용해 도전해 보는 것도 필요하다.

(2) 미스터리 분석을 위한 간단한 질문

- 1단계 : 문제는 무엇인가?
- 2단계 : 원래 어떤 결과를 기대했는가?
- 3단계 : 그런 결과를 만들기 위해 어떤 노력을 했는가?
- 4단계 : 실제 일어난 결과는 무엇인가?
- 5단계 : 무엇이 원인이 되어 생각과 다른 결과를 초래했는가?
- 6단계 : 그 원인을 해소할 수 있는 가장 좋은 방법은 무엇인가?
- 7단계 : 그 해소책을 실행하면 기대했던 결과가 일어날 것으로 예상하는가?

2. 기획이란

1) 기획의 출발

'창조(creativity)'가 화두이다. 모든 것 앞에 '창조'라는 수식어가 붙는 세상이다. 이 시대가 요구하는 창조란, 창의란 과연 무엇일까? 사람마다 정의도 다르고 생각도 다르고 입장도 다르다. 하지만 점점 다음의 명제로 수렴되는 느낌이다. "이 시대의 창조란 기술과 시스템이다"

틀린 말은 아니지만 그렇다고 맞는 말도 아니다. '기술'과 '시스템'은 중요하다. 반드시 필요하다. 하지만 창조의 본질은 아니다.

창조의 본질은 창조적 사고이고, 창조적 기획이다. 창조적 사고가 없다면 그 어떤 기술이나 제도, 시스템도 무의미하다. 사고가 먼저, 기술과 시스템이 그 다음이다. 창조적 사고의 발로인 기획력이라는 화두는 사실 우리 직장인들의 오랜 관심사이자 숙제이자 고민거리이다.

"열정"과 몸으로 뛰는 건 뛰어나지만 "기획력"이 부족하다 등 기획력은 선택의 문제가 아니라 생존의 문제인 것이다.

프로그램 기획자는 스스로에게 질문할 수 있다. 나의 기획력에 만족하고 있는지?, 그렇다면 상사는 나의 기획력에 만족할지? 그리고 나는 시대에 부합하는 '크리에이티브한 기획자'라고 자신할 수 있는지?.

요즘을 가리켜 '사색'은 없고 '검색'만 있는 시대라고 한다. 검색된 정보는 정해진 프로세스에 정확하게 대입된다. 생각할 틈도 생각할 필요도 없다. 정보는 프로세스를 타고 기계적으로 흘러가고, 익숙해지면 매우 쉽고 편하게 느낀다. 이런 기획을 전문 용어로 '틀에 박힌 기획'이라고 한다. 그래서 우리는 기획을 공부해야 한다.

프로그램 기획자에게 필요한 단 한 가지가 있다면 그것은 심플의 미학이다. 우리는 가진 것이 지나치게 많아 결핍되고 있을 수 있다. 과감하게 버리고 덜어내야 한다. 어깨 힘을 빼고 심플하게 생각해야 하는 것이다.

심플이란 진정한 단순함이다. 애플의 디자인을 총괄하는 조나단 아이브는 "진정한 단순함은 불필요한 장식이 없는 수준을 넘어 복잡함에 질서를 부여하는 것이다"라고 심플을 정의한다.

2) 창조기획

창조기획이란 현상보다는 본질을, 원칙보다는 원리를, 기교보다는 기본을 담기 위해 노력하는 것을 말한다.

창조기획력은 외생변수가 아닌 내생변수이다. 외부의 지식으로 비롯되는 것이 아니라 우리 안의 에너지로부터 비롯되는 것이다.

창조기획이란 기획이란 두 글자는 ㄱ으로 시작해서 ㄱ으로 끝난다. 낫 놓고 ㄱ 자도 모른 것은 곧 기획을 모르는 것이다. 그만큼 기획은 기본이 중요하다. 기획의 기본은 사람이라는 것이다.

창조기획이란 기획은 사람의, 사람에 의한, 사람을 위한 아날로그적 습작이다. 기획은 누구나 논할 수 있다. 기획이 중요하다는 사실은 중요하지 않다. 기획이 왜, 중요한 건지가 중요한 것이다. 왜일까? 기획은 새로운 거치를 만들어내는 작업이기 때문이다. 참된 기획, 좋은 기획은 세상을 바꾸기 때문이다. 내 가족, 내 친구, 내 사랑하는 사람들을 더 행복하게 만들 수 있기 때문이다. 새로운 가치로 더 살기 좋은 세상, 더 행복한 세상을 만드는 것이 바로 '기획의 힘'인 것이다.

따라서 기획은 사회복지사의 생존의 필수 조건이다. 기획의 1.0 시대를 '기획이 별로 중요하지 않았던 시대, 창업주의 직관에 의존했던 시대'라고 한다면, 기획 2.0 시대는 '기획 업무는 주로 컨트롤 타워 역할의 기획실이 수행했던 시대'로 설명하고, 기획 3.0 시대는 '모든 조직원이 기획자가 되어야 하는 기획 대중화 시대'이기 때문에 기획은 무조건 잘하고 볼 일이다.

3. 기획의 통찰

1) 기획과 계획의 차이

"기획(企劃)과 계획(計劃)"의 차이점은? 무엇일까? 획(劃)은 공통, 결국 기(企)와 계(計)의 차이다. 즉, 기(企)에는 인간(人)이 들어 있고, 계(計)는 인간(人)이 없다는 것이다. 여기서 도모하다(企)와 계산하다(計)의 의미 차이로 구분되어진다. 도모하는 것은 인간만이 할 수 있는 일이고, 계산하는 것은 인간만이 할 수 있는 일이 아니라는 뜻이다. 계산은 인간보다는 컴퓨터가 조금 더 잘할 수 있는 일이며, 극단적으로 말하면 계획은 컴퓨터에게도 시켜도 할 수 있는 일인 것이다.

그렇다면 "기획(企劃)과 計劃"의 차이점은 무엇일까? 즉, How의 전술적 '실행 계획'은 컴퓨터도 할 수 있는 영역인데 반해, Why와 What을 도모하는 '전략적 기획'은 컴퓨터가 스마트하더라도 절대 할 수 없는 영역으로 볼 수 있다. 결국 기획은 인간만이 할 수 있는 일인 것이다.

2) 기획을 바라보는 관점

본질적으로 인간이 더 좋은 가치를 만들고자 의도적으로 어떤 일을 도모하는 인간 고유의 '문제의식'과 '해결본능'이 어우러진 '아날로그적 사고 작업'이라고 할 수 있다. 우리가 기획력을 '문제해결력'이라고 지칭하는 이유인 것이다.

즉, 문제를 해결하는 것은 문제(problem) 그리고 해결(solution) 과정이다.

문제를 보는 것과 아는 것의 차이란, 정확하게 문제가 해결될 수 있는 '기회'를 보았을 때 사용하는 것이다. 즉 유레카의 진정한 의미도 이전부터 고민해오던 문제가 해결될 수 있는 '기회'를 발견한 것이다

아르키메데스나 뉴턴이나 그들이 본 것은 '기회'였음. 즉 '해결의 기회'였음.

> 아르키메데스 : '넘치는 물을 보았습니다'
> 뉴턴 : '떨어지는 사과를 보았습니다'
> 이것을 보고 둘이 외친 것 : 감탄사임(아르키메데스는 유레카를 외침)
> * 유레카를 우리는 아이디어가 떠올랐을 때 외치는 감탄사로 생각하지만 그 유래는 '알았다'임

기획자에게 중요한 요소는 '생각', '말', '글'로 설명할 수 있다.

기획자의 '생각'은 '단순명료'해야 한다. 생각이 심플해야 말이 심플해지고, 말이 심플해져야 글이 심플해지기 때문이다.

3) 기획은 2형식이다(문제-해결)

먼저 문제를 생각하고 그 다음 '해결'을 생각하는 것이다.

'나는 가수다', '엄마가 뿔났다', '침대는 과학입니다', '나이는 숫자에 불과하다'

기획의 사고만 2형식이 아니다. 문제의 해결 기술도 2형식으로 심플하게 표현되어야 한다.

▪ 기획은 2형식이다(문제-해결)

"Problem is____________________."(문제는______________입니다)

: 목적을 달성하는데 장애가 되는 문제를 찾고 그것이 왜 문제인지 증명하고 기술하기

"Solution is____________________." (해결책은__________입니다)

: 해결의 기회를 찾아 그것이 왜 기회가 되며 어떻게 하면 문제가 해결될지 보이고 기술하기

사고(thinking)의 방식	회의 방식
-문제와 해결의 틀에 맞추어 생각하라는 것이 아니라 문제와 해결만 남겨두고 마음껏 자유롭게 생각하라는 것 * 정보를 구조화하고 재해석하기	-회의실에 모이면 제발 솔루션 아이디어로부터 오픈하지 말 것. -먼저 문제의 규정부터 아이데이션(ideation) 할 것. -문제규정에 공감대가 형성된 후 아이디어를 논할 것

⇩

기획서 작성방식
복잡한 기획서와 단순한 기획서의 구분 기준은 논리안에 문제와 해결이 명확하게 드러나느냐의 여부 ❖ 논리란 문제의 해결을 돋보이게 만드는 이야기의 흐름

4. 문제 규정

기획에서 왜 문제 규정이 중요한가? 모든 해결책의 실마리는 이미 문제안에 존재하기 때문이다.

문제규정의 3가지 오해	문제 규정이란
1) 문제는 주어진 것이지 규정하는 것이 아니다. 2) 문제 규정은 창조성이 필요없는 과정이다. 3) 문제 규정은 기획 과정의 극히 일부 일 뿐이다.	1) 문제는 주어진 것이 아니다. 규정하는 것이다. 2) 문제 규정은 가장 창의력이 필요한 과정이다. 3) 문제규정은 기획과정의 가장 핵심적인 부분이다.

❏ 넌센스퀴즈

어느 날 산에 놀러갔는데 곰을 만나 쫓기게 되었습니다. 쫓기다더 이상 갈 곳 없는 낭떠러지에 이르게 되었지요. 앞은 곰. 뒤는 낭떠러지. 자, 이 위기 상황을 어떻게 극복하면 될까요?
▪정답 : '곰을 뒤집는 것임' - 곰을 뒤집으면 문이 되고 그 문으로 도망치면 되는 것임 ▪시사점 : 우리를 위협하는 '곰'은 문제이지만 동시에 '해결책'의 가능성도 품고 있다는 통찰에 대한 전율일 수 있음. 즉 '해결책의 기회'는 다름 아닌 '문제점' 안에 살고 있다는 원리임. '문제'는 이미 '해결의 씨앗'을 품고 있는 기특한 존재임.

1) 7525 규정

프로그램 기획자가 기획을 하는 시간을 계산한다면, 문제규정에 75%, 해결책에 25%를 사용하여야 한다. 한 프로젝트에 기획자의 노력과 시간과 열정의 투입할당량을 의미하는 것이다. 즉 문제를 해결하는 사람을 전문가라 한다. 그래서 기획자는 전문가이다.

2) 문제의 정의는 문제 해결보다 훨씬 본질적이다.

문제를 찾는다? 문제를 규정한다? 우리는 문제를 찾는 것보다 푸는 것에 더 익숙하다. 따라서 우리는 문제를 찾는 사람이 되어야 한다.

3) 기획의 프로세스 문제를 찾아라!

문제란 "이상적인 목표와 그렇지 못한 현재 상태의 차이"를 말한다. 예를 들면, 사회문제, 지구온난화 문제, 자살 문제, 성적 문제, 이성 문제, 기업의 매출 문제 등이다. 그런데 여기서 우리는 언급한 이 문제가 진짜 문제일까? 라는 질문을 던진다. 이 문제는 '진짜 문제"라기 보다는 "문제가 야기한 결과론적인 상태" 즉, 문제의 현상이라고 볼 수 있는 것이다. 다시 말해 지구온난화가 문제라기 보다는 지구온난화를 일으킨 '근본 원인'이 '진짜 문제'이고 자살 사건이 급증하는 것이 문제가 아니라 자살 사건이 반복되는 '직접 원인'이 '진짜 문제'일 것이다. 또한 매출이 떨어지는 게 문제가 아니라 '왜' 매출이 떨어지는가가 문제의 본질이다. 즉, 기획자가 '해결해야 하는 문제'는 현상적인 면이 아니라 원인적인 점이라는 것을 잊지 말아야 한다.

* 면과 점의 차이 : 면은 눈에 보이지만 점은 눈에 보이지 않음. 즉 기획은 '눈에 보이지 않는' 문제점을 찾아내 '눈에 보이는' 해결책으로 만들어 주는 일임.

4) 왜(Why!)

문제의 본질을 찾고자 한다면 '왜'라는 질문을 던지는 것이다. 여기서 다시 처음에 언급했던 '토끼와 거북이' 우화로 돌아가 보자.

토끼의 문제는 경주에서 패한 것이라고 할 사람은 없을 것이다. 토끼가 경주에서 진 것은 문제가 아니라 문제의 현상이다. 토끼가 왜 졌을까가 문제인 것이다. 토끼는 왜 졌을까? '낮잠을 자서', 아니면 '자만을 해서', 문제의 본질은 '토끼의 자만심'이다. 이러한 비극이 없게 하기 위해 교훈을 알리는 가두캠페인을 기획해야 하는 '기획 토끼'가 필요하다.

문제 초점 : 낮잠을 자서	문제 초첨 : 자만심으로
동지들이여, 시합전날은 밤늦게까지 미드시청,비디오게임 금지다. 내일 컨디션을 위해 발 닦고 일찍 자자	"동지들이여, 인생은 예측불허의 경주와 같다. 우리가 재능 좀 있다고, 지금 좀 잘 나간다고 절대 자만하지 말자. 우리의 경쟁 상대는 적이 아니라 바로 나 자신이다"

5. 전략이란

여러 가지 대안(방향, 방안)중에서 가장 합리적(강력함, 적합함, 독특함, 수용 가능함 등)이라고 여겨지는 것을 '의도적으로 선택'하고 여기에 '자원과 능력을 집중'하는 것을 의미한다. 발상의 전환을 통하여 창의적인 방법으로 제한된 자원을 전략적 기회에 집중 투자하여 그 효과를 극대화하는 스트레치와 레버리지를 활용할 수 있다. 즉, 장기적인 안목, 지속적인 경쟁우위, 발상의 전환이라고 할 수 있다.

- 스트레치 : '몸을 뻗는다'는 의미, 남이 보기에는 닿지도 않을 곳에 무리하게 몸을 뻗어 닿으려는 것처럼 현재의 조직 상황으로는 달성 불가능해 보일 정도의 야망 있는 목표를 세우는 것.

- 레버리지 : '지렛대'라는 의미. 작은 힘을 효율적으로 활용하여 아주 큰 것을 움직임. 자원이나 규모가 상대적으로 약한 조직이라도 핵심적인 능력에 집중적으로 투자를 하여 최대한 독특하고 전략적인 방법으로 개발할 때 야망 있는 목표를 달성할 수 있음.

6. 전략 선택의 기준

- 전략 선택을 위해서는 조직의 미션, 비전, 목적, 활용 가능한 자원, 그리고 기회에 근거를 두어야 한다.
- 조직의 현재 발전 단계를 고려해서 결정하되, 초기 조직이나 대대적 전환을 모색하는 경우에는 기본적으로 성장전략을 채택해야 해야 한다.

- 점진적 개선이 아닌 획기적 전환을 목표로 한다. 전략기획은 조직내 조건이 충족되었을 때 추진하는 것이 아니고, 이 여건을 타파하기 위한 적극적인 노력임을 명심해야 한다. 영원히 유효한 전략 계획은 없으므로 변화하는 환경을 따라 잡기 위해서는 조직의 전략적 계획을 매 2-3년마다 재검토해야 한다.

7. 전략기획의 의미

환경의 변화 속에서 조직의 존재 이유, 현재의 모습이 어떠한가를 살피면서 조직이 무엇을 하려고 하는지, 왜 그 일을 해야만 하는 것인가에 대한 논리적 기초를 구성하고 가이드하는 근본적인 결정과 행동 창출을 의미한다.

전략기획의 일반 기획과의 차별성은, 전략기획은 환경적 변화와 관련해서 우리 조직이 현재 갖고 있는 문제 그리고 앞으로 가질 문제들의 해결에 초점을 둔다. 또한 전략기획은 조직 불안정의 요인인 환경의 분석에 기반을 두며, 조직이 갖는 문제의 해결과 관련해서 성공적인 미래의 모습을 제시하고 이에 집중하게 한다. 따라서 전략기획은 기획의 결과 제시되는 것들을 실제로 이루기 위해 조직의 역량을 집중시키는 것을 추구하는 기획이다.

8. 전략기획의 강점

- 전략적인 접근을 가능케 한다.
- 미래의 방향을 선명하게 한다.
- 우선순위를 만들어 낸다.
- 의사결정들이 조직의 목적과 전략에 일치되게 만들어질 수 있게 한다.
- 조직이 갖는 많은 문제들을 해결한다.
- 조직의 성과를 증진시킨다.
- 변화하는 환경에 적절하게 대응할 수 있게 한다.
- 팀워크와 조직의 전문성 향상을 가져온다.

9. 전략기획을 위한 SWOT 분석

외부적 환경의 분석에 의한 기회(opportunity)와 위협(threat)을 조직 내부의 자원 분석에 의한 강점(strength)과 약점(weakness)에 조화시켜 장래의 발전 방향을 모색하는 분석 방법이다.

❑ 전략형성을 위한 SWOT 매트릭스

- 1단계 : 기회요인(Opportunity) 및 위험요인(Threat)의 파악
- 2단계 : 조직의 강점(Strength) 및 약점(Weakness)의 파악
- 3단계 : SWOT Matrix 작성

	기회요인(Opportunity)	위협요인(Threat)
강점(Strength)	S/O 전략	S/T 전략
약점(Weakness)	W/O 전략	W/T 전략

- 4단계 : SWOT 분석에 근거한 전략 수립
  - 분석의 결과로 얻어진 것 중 핵심적인 SWOT을 대상으로 전략을 도출
  - S/O 전략 : 강점을 가지고 기회를 살리는 전략
  - S/T 전략 : 강점을 가지고 위험을 피하거나 최소화 하는 전략
  - W/O 전략 : 약점을 보완하며 기회를 살리는 전략
  - W/T 전략 : 약점을 보완하는 동시에 위험을 피하거나 최소화 하는 전략

- 5단계 : 중심 전략 선정

- 조직은 현재의 위치에서 S/O로 가기 적극적으로 전략을 수립하고 이를 위한 활동 등을 지속적으로 시행하여 SWOT 분석의 궁극적인 목적을 완성

내부역량 / 외부환경	Strength (강점)	Weakness (약점)
기회요인 (Opportunity)	S / O (강점을 가지고 기회를 살리는 전략)	W / O (약점을 보완하며 기회를 살리는 전략)
위협요인 (Threat)	S / T (강점을 가지고 위험을 피하거나 최소화하는 전략)	W / T (약점 보완 동시에 위험을 피하거나 최소화하는 전략)

10. 1~2개의 전략에 집중하라

1개의 핵심 전략을 선택해야 한다. '모든 전략이 다 좋아 보임으로 다 해보자'는 무모한 발상은 절대 하지 말아야 한다. 모든 것을 다한다는 것은 아무것도 하지 않는다는 선언이다. 또한 전략 간에 서로 상충되는 면들이 존재하기 때문에 성장과 안정은 동시에 취할 수 없다는 것을 인식하고 선택해야 한다.

추가로 보조 전략을 추가할 수 있다. 핵심 전략을 지원하여 핵심 전략이 더 강력하게 효과를 발휘할 수 있도록 한다.

11. 전략기획이 제대로 되지 않는 이유

- 긴급한 사안이 많아서 여기에 노력과 시간을 투자하기 어려움
- 지도자들이 책임져야 할 것에 대한 우려를 표시
- 이사회와 지도자들이 계획과정에 대한 인내심 부족
- 과거의 계획들이 서랍에서 먼지만 쌓이고 있어, 계획을 하는 것을 낭비라고 생각
- 계획 없이도 기관은 잘 돌아간다는 인식

• 기관이 너무 미약하여 계획을 한다는 것이 무의미하다는 생각
• 어떻게 하는지 몰라서

지금까지 사회복지 프로그램을 위한 전략기획을 위한 가이드에 대해 살펴보았다. 성공적인 전략기획은 심플하고 명료한 사고, 본질에 대한 통찰, 그리고 선택과 집중의 용기가 조화를 이룰 때 가능하다. 사회복지 현장에서 전략기획은 단순한 문서 작성이 아니라, 클라이언트에게 더 나은 서비스를 제공하고 새로운 가치를 창출하기 위한 실천적 도구이다. 프로그램 기획자는 끊임없이 생각하는 힘을 키우고, 문제의 본질을 파악하며, 제한된 자원으로 최대의 효과를 만들어내는 전략적 사고를 자기 것으로 만들어야 할 것이다.

하늘 아래 창조란 없다 !!! 수많은 자료들을 수정, 결합, 확대, 차용 등의 방법을 통해 창의성을 높이는 것이다.

참 고 문 헌

강종수(2024). 사회복지행정의 이해(제3판). 서울: 학지사.

기시라 유지(2016). 생각 천재가 되는 세 가지 도구. 정은지(역). 서울: ㈜인플루엔셜.

김영종(2019). 사회복지 프로그램 개발과 평가. 서울: 학지사.

김영종(2023). 사회복지행정 (제5판). 서울: 학지사.

김영종·권순애(2023). 사회복지 프로그램 개발과 평가(제2판). 서울: 학지사.

김예량(2019). 사회복지 프로그램 개발과 평가(개정판). 서울: 창지사.

김태현(2016). 사회복지사라면 김과장의 프로포절처럼. 경기: 어가.

남충식((2016). 기획은 2형식이다. 경기: ㈜휴먼큐브.

박경일·박승기·조수경·오승환·권진아·김안나(2016). 사회복지 프로그램 개발과 평가. 경기:양서원.

박용권(2025). 사회복지 프로그램 개발과 평가. 서울: 신정.

양정하·황인옥·배의식·박남철·오봉욱(2023). 사회복지 프로그램 개발과 평가(제2판). 경기: 정민사.

우수명(2022). 사회복지 프로그램 개발과 평가. 경기: 지식공동체.

오세영(2022). 사회복지행정론(제5판). 서울: 신정.

원석조(2023). 사회복지행정론(제6판). 경기: 양서원.

윤성호(2021). 사회복지 프로그램 개발과 평가. 경기: 양서원.

이민홍·정병오(2024). 사회복지 프로그램 개발과 평가(제4판). 경기: 양서원.

이봉주·김기덕·신원우(2025). 사회복지 프로그램 개발과 평가 (제3판). 서울: 신정.

이봉주·이선우·신창환(2022). 사회복지행정론. 서울: 학지사.

임정기(2019). “사회복지사는 누구이며 무슨 일을 하는가?-사회복지사가 말하는 사회복지사의 정체성”, 『한국사회복지행정학』 21권 제2호(통권 제63호), pp. 53-88.

정주석·노명숙·임진섭·전성남(2024). 사회복지 프로그램 개발과 평가. 서울:창지사.

조성숙(2012). 비영리마케팅:비영리조직의 고효율, 저비용 마케팅 전략. 서울: 신정.

조성우·안정선·최승희·김상곤(2021). 쉽게 배우고 바로 활용하는 사회복지 프로그램 개발과 평가. 서울: 학지사.

정무성(2017). 사회복지 프로그램 개발과 평가. 경기: 정민사.

정무성·황정은(2014). 사회복지 마케팅. 서울: 신정.

최명민·김정진·김성천·정병오(2022). 한국의 실천 현장을 반영한 사회복지실천론. 서울:(주)사회평론아카데미

최상미·김아래미(2022). 사회복지행정론. 서울: 학지사.
황성철(2005). 사회복지프로그램 개발과 평가. 경기:공동체
황성철·김영종·이현주 외(2020). 사회복지 프로그램 개발과 평가. 공동체.
황성철·정무성·강철희·최재성(2020). 사회복지행정론(제4판). 경기:정민사.

Abell, N., Springer, D. W., & Kamata, A. (2009). Developing and validating rapid assessment instruments. Oxford University Press.
American Evaluation Association (AEA). (2018). Guiding Principles for Evaluators.
Beach, R. H. (2020). A Prelude to Planning. Educational Planning, 27(3), 19-30.
Bennett, E. L., & Weisinger, M. (1977). Evaluation: alternative models. In N. Gilbert & H. Specht (Eds.), Planning for social welfare: issues, models, and tasks. Englewood Cliffs, Prentice-Hall.
Bjerke, M. B., & Renger, R. (2017). Being smart about writing SMART objectives. Evaluation and Program Planning, 61, 125-127.
Bloom, M., Fischer, J., & Orme, J. G.(2005). Evaluating Practice:Guidelines for the Accountable Professional(5th Edition). Allyn & Bacon. 김용석 외 번역.
Boehm, A., & Yoels, N.(2009). Effectiveness of Welfare Organizations: The Contribution of Leadership Styles, Staff Cohesion, and Worker Empowerment. British Journal of Social Work, 39(7), 1360-1380.
Caffarella, R. S.(2002). Planning programs for adult learners. Jossey-Bass.
Cooper, P.(2017). Data, information, knowledge and wisdom. Anaesthesia & Intensive Care Medicine, 18(1), 55-56.
Davies, R. & Dart, J.(2003). A Dialogical, Story-based Evaluation Tool: The Most Significant Change Technique. American Journal of Evaluation, 24(2), 137-155.
Davies, R. & Dart, J.(2005). The 'Most Significant Change' (MSC) Technique: A Guide to its Use. Care International.
Davis, S., Gervin, D., White, G., Williams, A., Taylor, A., & McGriff, E.(2013). Bridging the Gap Between Research, Evaluation and Evidence-Based Practice. Journal of Social Work Education, 49, 16-29.

Dedrick, R., & Greenbaum, P.(2011). Multilevel Confirmatory Factor Analysis of a Scale Measuring Interagency Collaboration of Children's Mental Health Agencies. Journal of Emotional and Behavioral Disorders, 19(1), 27-40.

Deniel, M., & Green, L. W.(1995). Application of the precede-proceed planning model in diabetes prevention and control. Diabetes Spectrum, 8, 74-84.

Fetterman, D. M., Kaftarian, S. J., & Wandersman, A.(1996). Empowerment Evaluation: Knowledge and Tools for Self-assessment and Accountability. Sage Publication.

Filoramo, M. A.(2007). Improving goal setting and goal attainment in patients with chronic noncancer pain. Pain Management Nursing, 8(2), 96-101.

Fine, B. (1992). Marketing the Public Sector. London: Pitman Publishing.

Fitzpatrick, J. L.(2012). An introduction to context and its role in evaluation practice. New Directions for Evaluation, 2012(135), 7-24.

Fitzpatrick, J. L., Sanders, J. R., Worthen, B. W., & Wingate, L. A.(2017). Program evaluation:Alternative approaches and practical guidelines(4th). Pearson.

Friedman, S. R., Reynolds, J., Quan, M. A., Call, S., Crusto, C. A., & Kaufman, J.S.(2007). Measuring changes in interagency collaboration: An examination of the Bridgeport Safe Start Initiative. Evaluation and Program Planning, 30(3), 294-306.

Gibbs, L. E.(2003). Evidence-based practice for the helping professions: A practical guide with integrated multimedia. Thomson Brooks/Cole.

Gilbert, N.(1973). The model cities program: A comparative analysis of participating cities, process, product, performance, and prediction. US Government Printing Office.

Grinnell Jr, R. M., & Unrau, Y. A.(2010). Social work research and evaluation: Foundations of evidence-based practice. Oxford University Press.

Grisso, T., & Appelbaum, P. S.(1998). Assessing competence to consent to treatment: A guide for physicians and other health professionals. Oxford University Press.

Guba, E. G., & Lincoln, Y. S.(1989). Fourth generation evaluation. Sage Publications.

Gupta, A., Playfer, J., & Bhowmick, B.(2008). Measurement scales used in elderly care. Radcliffe Publishing.

Hall, I.(2017). Evaluation and social research. Bloomsbury Publishing.

Hansen, H., Anderson, O., & White, H. (2011). Impact evaluation of infrastructure interventions. Journal of Development Effectiveness, 3(1), 1-8.

Hanslin, J. M. (1996). Social problems. Prentice-Hall.

Innovation Network. (2017). Logic model workbook.

Kellogg Foundation. (2004). Using logic models to bring together planning, evaluation, and action: Logic model development guide.

Kettner, P. M., & Martin, L. L. (1993). Performance, accountability and purchase of service contracting. Administration in Social Work, 17, 61-79.

Kettner, P. M., Moroney, R. M., & Martin, L. L. (2022). Designing and managing programs: An effectiveness-based approach(6th ed.). Sage Publications.

Lee, M. (2010). The capacity to consent to research among older adults. Educational Gerontology, 36(7), 592-603.

Levin, H. M., & McEwan, P. J. (2001). Cost-effective analysis: Method and applications. Sage Publication Inc.

Lewis, D. R., Johnson, D. R., & Braddock, D. L. (2000). Participatory evaluation for special education and rehabilitation. AAMR.

Lewis, J. A., Packard, T. R., & Lewis, M. D. (2011). Management of human service programs. Cengage Learning.

Lubben, J., Blozik, E., Gillmann, G., Iliffe, S., von Renteln Kruse, W., Beck, J. C., & Stuck, A. E. (2006). Performance of an abbreviated version of the Lubben Social Network Scale among three European community-dwelling older adult populations. The Gerontologist, 46(4), 503-513.

Lynch, T. D. (1995). Public budgeting in America. Englewood Cliffs, NJ: Prentice Hall.

Macdonald, G., Sheldon, B., & Gillespie, J. (1992). Contemporary studies of the effectiveness of social work. British Journal of Social Work, 22(6), 615-643.

Maguire, L. (2001). Clinical social work: Beyond generalist practice with individuals, groups, and families. Brooks/Cole.

Martin, L. L., & Kettner, P. M. (2010). Measuring the performance of human service programs(2nd ed.). Sage Publications.

McPherson, J. (2015). Human rights practice in social work: A rights-based framework & two new measures(Doctoral dissertation, The Florida State University).

Merriam, S. B., & Tisdell, E. J. (2015). Qualitative research: A guide to design and implementation. John Wiley & Sons.

Miley, K., O'Melia, M., & DuBois, B. (2014). Generalist social work practice: An empowering approach. Pearson.

Mullen, E. J., Bledsoe, S. E., & Bellamy, J. L. (2008). Implementing evidence-based social work practice. Research on Social Work Practice, 18(4), 325-338.

Mullen, E. J., Shlonsky, A., Bledsoe, B., & Bellamy, J. (2005). From concept to implementation: Challenges facing evidence-based social work. Journal of Evidence and Policy, 1(1), 61-84.

Navin, M. C., Brummett, A. L., & Wasserman, J. A. (2022). Three kinds of decision-making capacity for refusing medical interventions. The American Journal of Bioethics, 22(11), 73-83.

Olsson, T. M., Kapetanovic, S., Hollertz, K., Starke, M., & Skoog, T. (2023). Advancing social Intervention research through program theory reconstruction. Research on Social Work Practice, 10497315221149976.

Padgett, D. K. (2017). Qualitative methods in social work research (3rd ed.). Sage Publications.

Patti, R. J. (1983). Social welfare administration: Managing social programs in a developmental context. Prentice-Hall.

Patti, R. J. (1987). Managing for service effectiveness in social welfare organizations. Social Work, 32(5), 377-381.

Patton, M. Q. (2017). Principles-focused evaluation: The guide. Guilford Publications.

Patton, M. Q. (2015). Qualitative Research & Evaluation Methods (4th ed.). Sage Publications.

Posavac, E. J. (2015). Program evaluation: Methods and case studies. Routledge.

Rachmaniar, R., Yahya, M., & Lamada, M. (2021). Evaluation of learning through work practices industry program at university with the CIPP model approach. International Journal of Environment, Engineering and Education, 3(2), 59-68.

Roberts, A. R., & Yeager, K. R. (2006). Foundations of evidence-based social work practice. Oxford University Press.

Robert M. Penna & William J. Phillips(2016). 비영리를 위한 아웃컴핸드북. 서울: 아름다운 재단.

Roman, J., Butts, J., & Roman, C. (2011). Evaluating systems change in a juvenile justice reform initiative.

Rossi, P. H., Lipsey, M. W., & Henry, G. T. (2018). Evaluation: A systematic approach. Sage Publications.

Rossi, P. H., Lipsey, M. W., & Freeman, H. E. (2004). Evaluation: A systematic approach (7th ed.). Thousand Oaks, CA: Sage.

Rothman, J., & Thomas, E. (2013). Intervention research: Design and development for human service. Routledge.

Royse, D., Thyer, B. A., Padgett, D. K., & Logan, T. K. (2015). Program evaluation: An introduction to an evidence-based approach(6th ed.). Cengage Learning.

Rubin, A. (2008). Practitioner's guide to using research for evidence-based practice. Wiley.

Rubin, A., & Babbie, E. R. (2000). Essential research methods for social work(2nd ed.). Thomson Brooks/Cole. (유태균 번역)

Rubin, A., & Babbie, E. R. (2016). Empowerment series: Research methods for social work. Cengage Learning.

Rubin, A., & Parrish, D. E. (2010). Development and validation of the evidence-based practice process assessment scale: Preliminary findings. Research on Social Work Practice, 20(6), 629-640.

Schwartz, D. G. (2000). Concurrent marketing analysis: A multi-agent model for product, price, place and promotion. Marketing Intelligence & Planning, 18(1), 24-30.

Scriven, M. (1972). Pros and cons about goal-free evaluation. Evaluation Comment, 3, 1-7.

Scriven, M. (1981). Evaluation thesaurus. Inverness: EdgePress.

Sharma, A., Suarez-Balcazar, Y., & Baetke, M. (2003). Empowerment evaluation of a youth leadership training program.

Spensberger, F., Kollar, I., Gambrill, E., Ghanem, C., & Pankof, S. (2020). How to teach evidence-based practice in social work: A systematic review. Research on Social Work Practice, 30(1), 19-39.

Strydom, M., & Schiller, U. (2019). The transferability of family assessment tools between countries: Reflections on the intervention research approach. Child Abuse Review, 28(4), 287-298.

Stufflebeam, D. L. (2000). The CIPP model for evaluation. Evaluation Models: Viewpoints on Educational and Human Services Evaluation, 279-317.

Stufflebeam, D. L., & Coryn, C. L. (2014). Evaluation theory, models, and applications(Vol. 50). John Wiley & Sons.

Stufflebeam, D. L., & Shinkfield, A. J. (2012). Systematic evaluation: A self-instructional guide to theory and practice(Vol. 8). Springer Science & Business Media.

Suchman, E. A. (1967). Evaluation research. Russell Sage Foundations.

Sue, A., & Katherine, E. (2005). The use of logic models by community-based initiatives. Evaluation and Program Planning, 28, 167-172.

Sun, Y., Kong, Z., Song, Y., Liu, J., & Wang, X. (2022). The validity and reliability of the PHQ-9 on screening of depression in neurology: A cross sectional study. BMC Psychiatry, 22(1), 98.

Sussman, S. (2001). Handbook of program development for health behavior research and practice. Sage Publications.

Sussman, S., Petosa, R., & Clarke, R. (1996). The use of empirical curriculum development to improve prevention research. American Behavioral Scientist, 39, 832-852.

Taber, M., & Finnigan, D. (1980). A theory of accountability for social workers. Urbana, IL: University of Illinois at Urbana-Champaign.

Taras, M. (2005). Assessment-summative and formative - some theoretical reflections. British Journal of Educational Studies, 53(4), 466-478.

Taylor-Powell, E., & Henert, E. (2008). Developing a logic model: Teaching and training guide. University of Wisconsin-Extension Cooperative Extension Program Development and Evaluation.

Thomas, E. J. (1988). Design and development in organization innovation. Administration in Social Work, 11(3/4), 101-144.

Thomas, E. J., & Rothman, J. (2013). Intervention research: Design and development for human service. Routledge.

Timmreck, T. C. (2003). Planning, program development, and evaluation. Jones and Bartlett Publishers.

Tripodi, T. (1983). Evaluation research for social workers. Prentice-Hall.

Tyler, R. W. (2013). Basic principles of curriculum and instruction. University of Chicago Press.

Uggerhøj, L. (2011). What is practice research in social work—Definitions, barriers and possibilities. Social Work & Society, 9(1), 45-59.

United Way of America. (1996). Measuring program outcomes: A practical approach. United Way of America.

Valley of the Sun United Way. (2006). Logic Model Handbook 2007.

Walsh, C. (2020). From scoping to supporting: A meta evaluation of targeted youth interventions within phase I of the Tackling Paramilitarism Programme (TPP).

Weinbach, R. W. (2007). The social worker as manager:a practical guide to success(5th ed.). Pearson Education

Wilson, B. L., & Wolfer, T. A. (2020). Reducing police brutality in African American communities: Potential roles for social workers in congregations. Social Work and Christianity, 47(3), 66-84.

Worden, J. K., et al. (1988). Development of a smoking prevention mass media program using diagnostic and formative research. Preventive Medicine, 17(5), 531-558.

York, R. O. (1982). Human service planning: Concepts, tools, and methods. University of North Carolina Press.

Zastrow, C. (2008). Introducation to social work and social welfare(9th ed.). Thomson Brooks/Cole.

저 자 소 개

【 저자 : **김 한 욱** 】

現) 신안산대학교 사회복지학과 교수

前) 반포종합사회복지관 관장,

사회복지공동모금회 중앙회 경영기획팀장, 홍보팀장

사회복지 프로그램 개발과 평가

2025년 12월 10일 초판 1쇄 인쇄
2025년 12월 15일 초판 1쇄 발행

저　　자 | 김 한 욱 • 지음

발 행 처 | 도서출판 에듀컨텐츠휴피아
발 행 인 | 李 相 烈
등록번호 | 제2017-000042호 (2002년 1월 9일 신고등록)
주　　소 | 서울 광진구 자양로 28길 98, 동양빌딩
전　　화 | (02) 443-6366
팩　　스 | (02) 443-6376
e-mail | iknowledge@naver.com
web | http://cafe.naver.com/eduhuepia
만든사람들 | 기획 • 김수아 / 책임편집 • 이진훈 한진수 차연우 정민경
디자인 • 유충현 / 영업 • 이순우

ISBN 978-89-6356-541-5 (93330)
정　　가 16,000원